人的資源管理の考え方

Human Resource Management

柴田好則 著
SHIBATA Yoshinori

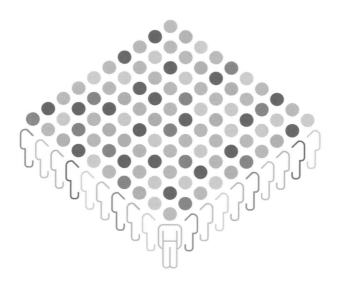

中央経済社

はじめに

　この本は，経営の仕組みの 1 つである人的資源管理についての基本的な考え方を学ぶためのテキストです。人的資源管理は経営においてどのような役割を果たしているのか，働く人々はそれをどのように経験するのか，優れた人的資源管理とはどういったものか，といったことについて考えていきます。

　本書は，人的資源管理の基礎を身につけたい初学者の方だけでなく，社会人の方が日々の生活のなかで人的資源管理の問題で悩んだり，その重要性に気づいたりしたときの読み物として利用していただくことを想定しています。人的資源管理論は，人や仕事の問題に対処するうえで色々なヒントを与えてくれる実践的な学問です。この本が，読者の人的資源管理への関心をさらに高めたり，これからの働き方やキャリアをじっくり見つめ直したりするきっかけになることを期待しています。

　本書の特徴は，科学的な知見をベースにしている点にあります。人的資源管理の研究は，今から100年ほど前の経営学の誕生とともにはじまりました。その間に様々な知見が積み重ねられています。とくに近年では統計手法やデータ・サイエンスの発達にともない，人的資源管理の分野でも新しい発見が生み出されています。本書で古典とともに最新の研究成果を学んでいただくことで，読者にアカデミックな人的資源管理研究の面白さを味わっていただきたいと考えています。

　もう 1 つは，本書が経営の視点とともに働く人の視点を重視して人的資源管理を考えていくというスタンスをとっていることです。人的資源管理は経営の様々な成果を実現するための取り組みですから，目的の効率的な達成や競争力の獲得といった経営の視点は欠かせません。一方で，人的資源管理は感情や意思をもった生身の人間を対象としています。そのため人に対する適切な理解がなければ，経営における人的資源管理の役割についても考えることはできませ

ん。その意味で，人的資源管理論は「経営の学問」であると同時に「人の学問」でもあります。組織で働く人々の振る舞いやその背後にある心の動きについては，伝統的に組織行動論の分野でも多くの知見が蓄積されてきています。本書では，こうした分野の研究成果を横断的に踏まえながら，働く人の立場からみた人的資源管理についても考えていくことを目指しています。

　本書は，3部構成で15章から成り立っています。

　SECTION 1 の「人的資源管理の全体像」は，人的資源管理を俯瞰するための基本的なポイントについて理解を深める部分です。人的資源管理とはどのような仕組みか，人的資源管理はどのようなコンテキストで取り組まれているのか，といったことを学習します。

　SECTION 2 の「人的資源管理の基本」では，人的資源管理を構成する基本的な領域について詳しくみていきます。具体的には採用，配置，育成，評価，報酬，退職といった取り組みです。

　SECTION 3 の「人的資源管理の応用」では，労働時間，ストレス，ダイバーシティ，リモートワーク，モラル，クリエイティビティ，国際人的資源管理など現代の人的資源管理に特徴的なトピックスについて扱っています。人的資源管理は社会の写し鏡です。時代とともにそこで生じる課題も変化していきます。本書では，できるだけこうした新しいトピックスを深掘りすることによって読者に人的資源管理に対する知識をアップデートしてもらうことを狙っています。

　この本は，最初から順に通読することで人的資源管理の基本を体系的に学習できるようになっていますが，人的資源管理の各領域を限定的に知りたい場合には，いくつかの章を拾い読みすることで理解を深められるように工夫しています。人的資源管理の基本や全体像について学習したい方はSECTION 1 を読んでいただければと思います。人的資源管理のそれぞれの仕組みについて学習したい方にとっては，SECTION 2 を中心に読むだけでも一通りの知識が得られるようになっています。SECTION 3 は，現代の人的資源管理でトピックスとなっている事柄を知りたい方におすすめです。

　本書では，各章に1つずつColumnとPick up studyを挿入しています。Columnでは人的資源管理に関係する実務的なトピックや身近な問題を取り上げています。これにより，初学者でも人的資源管理をリアルに感じていただくことができると思います。Pick up studyでは人的資源管理に関わる最新の研究を取り上げています。最先端の知見に触れていただくことで人的資源管理への関心を高めていただけると嬉しいです。

2024年1月

柴田　好則

本書の構成

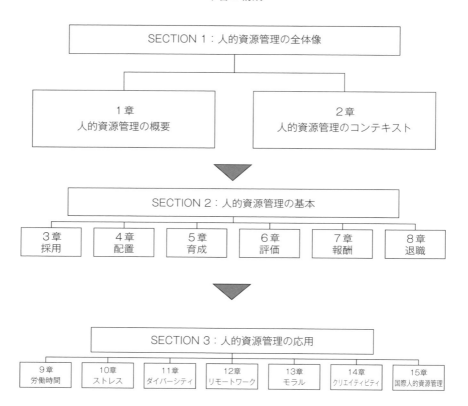

目　　次

SECTION 3　人的資源管理の応用

Column

Pick up study

SECTION **1**

人的資源管理の全体像

第 1 章

人的資源管理の概要

「組織は人なり」という言葉があります。製品やサービスの企画・開発，工場での生産，店舗での販売など経営のあらゆる活動に人は必要とされます。その意味で人の管理は経営の根幹にあたる取り組みです。人的資源管理論は，この人の管理について様々な角度から考えることを目的とした経営学の分野です。人的資源管理は経営においてどのような役割を果たしているのか，働く人々はそれをどのように経験するのか，優れた人的資源管理とはどのようなものか，といったことを学習します。この章では人的資源管理の基本的なポイントについて学んでいきます。

1　人的資源管理とは

　人的資源管理は，人を管理するための活動や制度の総称です。HRM（Human Resource Management）の和訳で，一般に人材マネジメントや人事管理と呼ばれることもあります。

　本書では主に企業の人的資源管理を考えていきますが，人の管理は経営をしているあらゆる組織にとって不可欠な取り組みです。私たちの身の回りで経営をしている主体には，ビジネスを展開する企業のほか，病院，学校，自治体，NPOなどがありますが，これら全てで人的資源管理は取り組まれています。

　人的資源管理はいくつかのフローに区分できます。ここでは人が組織に加入してから退出するまでの流れに沿って人的資源管理の基本的なフローを解説します。図表1－1は，人的資源管理の一連の仕組みを図式化したものです。

　人的資源管理の入り口にあたるのが採用です。これは組織の様々な仕事を担ってもらう人を外部から雇い入れるための活動です。応募者にとっては就職や転職の活動に該当する取り組みとなります。採用の対象には正規の従業員の場合もあれば，アルバイトやパートなどの非正規の従業員の場合もあります。

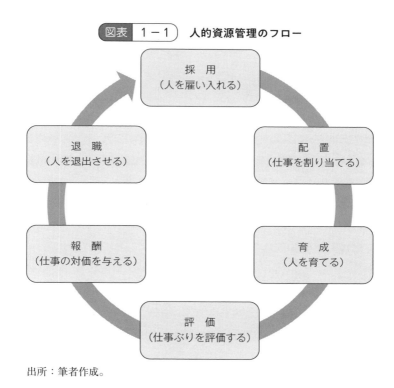

図表 1－1　人的資源管理のフロー

採　用
（人を雇い入れる）

配　置
（仕事を割り当てる）

育　成
（人を育てる）

評　価
（仕事ぶりを評価する）

報　酬
（仕事の対価を与える）

退　職
（人を退出させる）

出所：筆者作成。

　採用が終われば，次にその人に営業や経理といったような特定の仕事が割り当てられます。これが配置と呼ばれる仕組みです。組織によっては一定の期間をへて配置の転換が行われることもあります。配置によって仕事の内容や働く場所，普段の仕事を一緒にするメンバーが変わるため，その仕組みや決定は働く人にとっても大きな関心ごとです。

　配置の次のフェーズが育成です。これは割り当てられた仕事をしっかりとこなしてもらうために必要なスキルや知識を習得してもらうための取り組みです。育成には，実際の仕事を経験しながら能力を向上させる方法や，研修など仕事の現場を離れて能力を向上させていく方法などがあります。

　育成が終わればいよいよ仕事に取り組んでもらうフェーズに入ります。この

段階での人的資源管理が仕事ぶりの評価です。評価は，割り当てられた仕事が組織の期待どおりにきっちりできているかどうかをチェックする仕組みです。

　評価の結果をもとにして支払われるのが報酬です。報酬には毎月の基本給やボーナスなどの金銭的な報酬もあれば，昇進による地位や表彰などの非金銭的な報酬もあります。

　人的資源管理の出口にあたるのが退職です。それぞれの組織で採用された人は誰でもいつかそこを離れるときがやってきます。退職の仕組みには一定の年齢に達したら自動的に組織を退出する定年制や，組織からの申し出による強制的な退出である解雇といった仕組みなどがあります。

2　人的資源管理の担い手

　採用から退職にいたるまでの人的資源管理の担い手となるのは，企業の場合には経営者と人事部，現場の管理職（マネジャー）といった人たちです。

　経営者や人事部は，主に人的資源管理の基本的な方針やルールなどの骨格をつくる役割を担っています。たとえば毎年の採用においてどんな人をどのような手法を用いて選考していくのか，人員の配置をどのようなルールで決めていくのか，仕事ぶりをどのような基準を重視して評価していくのか，といったことについての基本的な方針とルールの策定を全社的な観点から行っています。

　経営者と人事部が策定した方針とルールに沿って人的資源管理の実務を担うのが現場の管理職（マネジャー）です。管理職は複数のメンバーを取りまとめて組織で成果を出す責任を持った役職の人たちをさし，企業や公的機関の場合には課長やチームリーダーなどが該当します。職場の人たちをどのように育成していくか，どのように評価するのか，どのような報酬を付与するのかについての具体的な中身は管理職に委ねられています。

3　人的資源管理の影響

　次に，人的資源管理が及ぼす影響について考えていきます。ここではそれを組織，そこで働く個人，組織が活動している社会の 3 つの観点から考えていきます（図表 1 - 2）[1]。

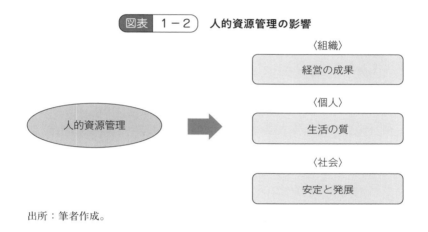

図表 1 - 2　人的資源管理の影響

〈組織〉
経営の成果

〈個人〉
生活の質

〈社会〉
安定と発展

人的資源管理

出所：筆者作成。

組　　織

　人的資源管理は経営のさまざまな成果を左右しています。経営の成果には売上，サービスの質，生産性など経営のタイプや目的によってさまざまなものがあります。たとえば飲食店の場合には，店舗の売上やサービスの質が成果として重視されます。この成果を実現するためにはスタッフの良質な接客やサービスによる顧客満足度の向上が欠かせませんが，そのためには適切な人的資源管理が不可欠です。たとえば接客に長けた人員の採用や育成，意欲的に接客の仕事に取り組んでもらうための評価や報酬といった仕組みです。

　モノづくりの業界では生産性の向上が経営の成果の 1 つとして重視されてい

ます。一人が8時間の仕事で5個の製品しか作れなかった場合と，同じ時間で10個の製品を作れた場合では，後者の方が生産的であるといえます。そのために，たとえば生産の技術に詳しい人員を採用したり育成したりするといった人的資源管理が必要になります。

また，コストの適正化はどのような業界でも経営の成果として重要視されています。コストが適切な水準に保たれていなければ，ビジネスの場合には利益を上げることができずに倒産してしまう恐れがありますし，自治体のような公的機関の場合には財政難に陥ってしまうかもしれません。人的資源管理はこの経営のコストを大きく左右しています。たとえば人員の採用数を増やしたり教育を手厚くしたりすれば人件費が増加しますし，退職者を増やしたりボーナスなどの金銭的な報酬を減らせばその分の人件費が抑制されます。また，評価や報酬に対する不満で多くの退職者が出てしまうと，代わりの人員の採用や育成のためのコストが余分に発生してしまいます。このように組織がどんな人物を採用するか，どんな育成や評価を実施するか，どんな仕事を割り当てるかによって経営の成果は左右されるのです。

個　　人

人的資源管理はそこで働く人々の生活の質を大きく左右する取り組みです。ここでいう生活の質とは，日々の生活における心身の充実のことをさします。たとえば日々の生活において時間的にも労力的にも大きな比重を占める仕事で働きがいや働きやすさを感じられるかどうかは，心身の充実に直結すると考えられます。この働く人々の働きがいや働きやすさは，職場で成長できる仕事が与えられているか，仕事ぶりがフェアに評価されているか，個々人の事情に合わせて勤務の時間や場所を選べるかなどといった人的資源管理の取り組みによって大きく左右されます。

人的資源管理は人が充実した生活を送るうえで欠かせない健康の維持や経済的な安定性などにも影響を及ぼします（Pick up study 1[2])。たとえば，過度な業務負担や長時間労働はときに健康被害を招いてしまう場合がありますし，雇

> ## Pick up study 1　人的資源管理と健康
>
> 　人的資源管理は，そこで働く人々の健康状態を大きく左右しています。とき
> に人的資源管理は受動喫煙と同程度に有害な健康リスクをもたらすこともあり
> ます。
> 　職場環境と健康の問題を扱った調査によれば，働く人の健康被害をもたらし
> やすい職場環境の特徴には，「雇用が不安定であること」「慢性的に長時間労働
> が強いられていること」「仕事と家庭の両立が困難なこと」「仕事で裁量の余地
> が小さいこと」「職場で周囲の人たちからの支援が少ないこと」などがあります。
> たとえば，仕事と家庭の両立の困難を経験している人は，そうでない人に比べ
> て精神的な健康問題を引き起こす可能性が2倍以上，身体的な健康問題のリス
> クは90％も高い傾向にあることが報告されています。
> 　人的資源管理の一つひとつの取り組みが，こうした職場環境を形成していま
> す。その意味で，人的資源管理は働く人々の健康を維持し，生活の質を高める
> ための重要な機能をもった取り組みです。

用の保障や金銭的な報酬の水準は人が経済的に安定した生活を送ることができ
るかどうかに直結しています。このように人的資源管理は働く人々の日々の暮
らしを支え，その質を大きく左右する取り組みです。

社　　会

　人的資源管理は，地域社会の安定や発展にも間接的に寄与する取り組みです。
経営をしている組織は，それぞれの製品・サービスをとおして地域社会に貢献
しています。もしそこで人手不足や労働災害といった人的資源管理上の問題が
深刻化すれば社会の不安定化や発展の停滞を招いてしまうかもしれません。と
くにその組織が市民の日常生活を送るために不可欠な製品やサービスを提供す
る場合にこの問題はより深刻になります（Column 1）。

●Column 1   エッセンシャルワーク

　「不可欠な」という意味をもつエッセンシャルの言葉がつけられたエッセンシャルワークは，市民が日常の生活を送るために不可欠な製品やサービスを提供している職業のことです。医療，介護，教育，流通，運輸，小売などが代表的です。

　エッセンシャルワークは，2020年の新型コロナウイルス感染症を機に注目を集めました。世界中で外出自粛の要請やロックダウンの体制が敷かれるなか，エッセンシャルワークに従事する人たちの多くは，感染リスクに直面しつつ社会を支えるために働き続けました。

　エッセンシャルワークの人的資源管理は，社会の安定や発展にとってとても重要な課題です。たとえば，病院の人的資源管理が原因で大量離職や人手不足の問題が発生すれば，地域医療の機能不全が起こりかねません。実際，コロナ禍ではいくつかの病院で医師や看護師の一斉退職が起きてしまったという事例もありました。

　教育も代表的なエッセンシャルワークの1つです。もし学校の現場で人的資源管理の不備による教員の休職や退職が続けば，その地域社会における教育の質の低下と社会の停滞を招いてしまいます。

　このように人的資源管理は，社会の安定や発展に寄与する重要な機能をもった取り組みであるといえます。

4   本書のテーマ

　本書では，経営の視点とともに働く人の視点の両方を重視して人的資源管理について考えていきます。前節で述べたように，人的資源管理の取り組みによって経営の様々な成果は実現されます。組織がどんな人を採用し，どのように配置・育成するか，仕事ぶりを評価して報酬を与えるかによって経営の効率や競争力などに違いが出ます。その意味で人的資源管理は，マーケティングや生産管理，情報管理などと並ぶ経営に不可欠なマネジメント・ツールといえま

す。

　他方で，人的資源管理は，感情や意思をもつ生身の人間を対象とした取り組みです[3]。人は感情的な存在ですから，ときに仕事で気乗りしなかったり腹を立てたりすることもあります。また意思をもった存在としての人は，自ら進んで仕事を学習したり組織に貢献しようとしたりすることもあれば，組織に見切りをつけて離脱することを意識的に選択することもあります。そのため，経営における人的資源管理を考えていく際には，こうした人の複雑な心の動きや振る舞いについて理解することが欠かせません。組織で働く人々の振る舞いやその背後にある心の動きについては，伝統的に組織行動論（Organizational Behavior）の分野で多くの知見が蓄積されています[4]。そこで本書では，この分野のこれまでの研究成果を十分に踏まえながら経営の視点とともに，働く人の視点から人的資源管理について考えていくことを大きなテーマにしています。

（注）
1　Beer（1984），Cascio（2022）を参照しています。
2　Pfeffer（2018）.
3　上林編著（2016）および上林・厨子・森田（2018）は，人的資源の特徴として，①人が他の資源を動かす，②人は思考し，学習し，成長する，③管理者の好き放題には使えない，④イノベーションが起こりにくい，の４つを挙げています。
4　組織行動論の標準テキストには鈴木・服部（2019），開本編（2019）などがあります。

第2章 人的資源管理のコンテキスト

　人的資源管理の取り組みにはそれぞれの時代や地域，業界などによって違いがあります。また同じ地域や業界でも組織によって異なる人的資源管理が取り組まれています。このような違いは，それぞれの組織を取り巻くコンテキストが異なることから生じます。本章では，人的資源管理の取り組みに影響を及ぼすコンテキストについて学習します。

1　コンテキストとは

　人的資源管理のコンテキストとは，組織が取り組む人的資源管理に影響を及ぼす内外の状況や文脈をいいます。人的資源管理の取り組みには，それぞれの時代や地域，業界によって違いがあります。たとえば50年前の日本で特徴的だった人的資源管理と現代で主流となっている人的資源管理には大きな違いがありますし，日本で典型的にみられる人的資源管理とアメリカやヨーロッパ，アジア諸国でみられる人的資源管理にも違いがあります。また，同じ地域や業界でも組織によってそれぞれ異なる人的資源管理が取り組まれています。このような人的資源管理の違いは，個々の組織を取り巻くコンテキストが異なることから生じています。

　人的資源管理のコンテキストは，大きく外部と内部に区分できます。この章では人的資源管理に影響を及ぼす外部の主なコンテキストとして社会的要因，法的要因，技術的要因，経済的要因を，内部の主なコンテキストとして戦略的要因，組織的要因，人的要因を取り上げます（**図表 2 − 1**）[1]。

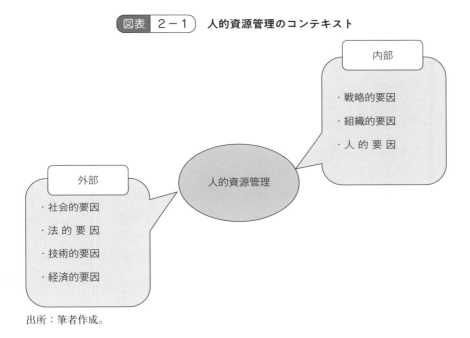

図表　2-1　人的資源管理のコンテキスト

出所：筆者作成。

2　外部コンテキスト

社会的要因

　人的資源管理に影響を及ぼす1つめのコンテキストが社会的要因です。これは社会の風潮や規範のことです。たとえば，近年では日本でも仕事中心の生活から家庭や余暇を大切にすべきであるというような社会的な規範が広がっています。個人のWLB（ワーク・ライフ・バランス）を尊重するという考え方です。こうした社会の規範の変化にともない，個々人の生活全般に配慮した両立支援や労働時間の仕組みが広がりをみせています。

　また，日本ではかつては仕事といえばフルタイムで働く正規従業員としての

働き方が当たり前であったため，組織も従業員を長期で雇用することが一般的でした。しかし，現在はパートタイムやフリーランスなど，有期で労働時間の短い働き方が広がってきています。このことから人的資源管理にも，正規従業員以外の多様な働き方の仕組みを用意することが求められています。

法的要因

　人的資源管理に影響を及ぼすコンテキストの2つめが法的要因です。これは経営のあり方に影響を及ぼす様々な法規制のことです。日本の場合，人的資源管理の分野に関係する法律には，労働基準法や労働契約法，最低賃金法などさまざまなものがあります。法規制の内容は時代によって変化しますし，業界によっても違いがあります。組織はこうした関連の法規制に従わなければ行政処分の対象となってしまいます。たとえば労働時間は労働基準法という法律によって上限が決まっています。もし人員にその上限を超えて仕事をさせると，法律に抵触してしまうことになります。さらに関連法規が改定された場合は，人的資源管理を見直して対応しなくてはなりません。

　組織がこうした法規制に従って人的資源管理を行う理由は行政処分の対象となるからといった理由だけとは限りません。もし，法規制を遵守しなければ，応募する人が少なくなったり，優秀な人が辞めてしまったりといった問題が起こります。そのため，法規制に従わなければ，組織として経営を持続させることは困難となります。

技術的要因

　技術的要因は，技術（テクノロジー）の動向のことです。過去数十年でITやAIのようなテクノロジーは目覚ましい発展を遂げています。こうしたテクノロジーの進展は人の採用や育成，評価といった人的資源管理の取り組みに様々な形で影響を与えます。広範なテクノロジーを用いて人的資源管理の問題を解決していくことは，近年ではHRテクノロジーと呼ばれています（Pick up study 2[2]）。

　たとえば，これまでは人の手で行っていた書類選考をAIで代行することにより採用を効率化するといった取り組みです。また，モノづくりの業界では，これまでは暗黙知であった人の技能や思考をAIを用いて定量化することで，後進の育成をより効率化するといった取り組みも行われています。

Pick up study 2　HRテクノロジーの活用とリスク

　ITやAIといったテクノロジーの活用は，採用や育成，評価，配置などの人的資源管理のあらゆる領域で広がっています。しかし，新しいテクノロジーの活用にはつねにリスクがつきものです。テクノロジーの活用は経営の効率化や生産性の向上をもたらす一方で，働く人にネガティブな影響を及ぼす可能性も想定されます。

　たとえばテクノロジーを用いて働きぶりをモニターするという取り組みは，働く人のストレスや心身の消耗につながる恐れがあります。米国の警察を対象とした調査では，身体装着型カメラによる電子的な活動のモニタリングは，それを装着した警官たちの燃え尽き症候群を増加させる傾向にあることを明らかにしています。

　テクノロジーの活用の公正さにも懸念があります。コロナ禍にあった英国では，すべての大学入学試験を中止にせざるをえませんでした。その代わりに取り入れられたのがアルゴリズムによる成績予測評価です。しかし，後に労働者階級や社会的に立場の弱いコミュニティに属する生徒たちが不当に低く評価され，私立学校に通う生徒たちの成績評価は高くなっていたことが明らかになったといいます。

　新しいテクノロジーの活用は常にこうしたリスクと隣り合わせです。人的資源管理において様々なテクノロジーを活用することの可能性は極めて大きいものの，それを無条件に受け入れず，そのリスクを十分に理解したうえで活用していくことが求められています。

経済的要因

　経済的要因とは，経済のさまざまな動向のことで具体的には景気の変動や物価の水準などです。たとえば採用の活動には，正規の従業員以外にアルバイトやパートタイム従業員を雇い入れることも含みますが，これら非正規の従業員を雇用するか否かは景気の変動に応じて変化する傾向にあります。好景気で製品がよく売れ，生産量を増加させなければならない場合には，組織は忙しくなりますので臨時的に人員を雇い入れることが必要となりますが，逆に不況になれば，これらの人員は不要になります。

　物価の水準も人的資源管理に影響を及ぼします。たとえば，物価が上昇すれば働く人々の家計が圧迫されますから，組織にはそれに見合った金銭的な報酬を働く人々に支払う圧力がかかるかもしれません。

　このように，人的資源管理は，景気の変動や物価の水準によって軌道修正を行う必要が出てきます。

3　内部コンテキスト

戦略的要因

　人的資源管理の取り組みに影響を及ぼす組織内部のコンテキストの1つが戦略的要因です。戦略と結びつけて取り組まれる人的資源管理のことは戦略的人的資源管理とも呼ばれています。戦略は経営の長期的な構想・指針です。組織がこれからどのようになっていくべきか，個々の事業をどのように運営していくべきかについての基本的な方向性を示したものです。

　経営の戦略は，家を建築する際の設計図に例えられます。設計図は，このような家に住みたい，建てたいという構想を具体的に表示しています。さらに設計図には具体的なデザインや予算，設備などが記されています。これによって，チグハグな建物ができることを防止し，工事担当者など多くの建築に携わる

人々の活動を一定の方向に推進することができるようになります。

　これと同じように，戦略は経営の長期的な活動や重点的に取り組むべき課題の指針となります。どんな資質をもった人を採用するのか，人員にどんな能力を身につけてもらうのか，誰にどんな職場を受け持ってもらうのか，といった人的資源管理の取り組みも，その組織がどんな戦略を実行しようとするのかに応じて変わってきます。たとえば，海外進出による製品の拡大路線を今後の戦略として掲げているのであれば，それを実行するための人材の採用や人の育成が必要になります。製品販売後のサービスまで課金化し，収益の源泉とすることを戦略的な指針として掲げているのであれば，そのためのビジネスモデルを考案し，実行する人の採用と育成が必須となります。

組織的要因

　人的資源管理に影響を及ぼす組織的要因には，組織構造や組織の文化・価値観があります。組織は規模が大きくなってくると，経営の活動を効率化するために営業部門，製造部門，開発部門などそれぞれの役割を専門的に担う部門を作ります。こうした部門による役割分担と，部門間を調整するための仕組みが組織構造です。組織構造は人的資源管理に様々な形で影響を及ぼします。たとえば，それぞれの部門が営業，製造，開発といった形で専門の分野別に分かれていると，部門間での障壁（セクショナリズム）が発生しやすくなります。これを防ぐために部門横断的な人員の配置が行われたりします。

　組織の文化・価値観からも人的資源管理は影響を受けます。それぞれの組織が重んじている価値観には様々なタイプがあります。挑戦を大切にする価値観，規則の遵守など保守的な行動をよしとする価値観，チームワークを重んじる価値観などです。もしチームワークを重んじる価値観が形成されている組織であれば，採用でチームワークに長けた人を雇い入れたり，評価においてチームのメンバーとのコミュニケーションの良し悪しが基準に設定されたりということになります。

人的要因

　ここでいう人的要因とは，人の性質に対する仮定や信念のことです。組織で管理する立場にあるものはそれぞれ人の性質について何らかの仮定や信念を抱いています。この仮定や信念に人的資源管理の個々の取り組みは影響を受けます。人についての仮定や信念を表すコンセプトには，人間モデルやタレントというものがあります。

　主な人間モデルには，人はお金のために行動するものだと考える経済人モデル，人は他者との結びつきを求めるものだと考える社会人モデル，夢の実現や個としての成長など自己実現を求めるものだと考える自己実現人モデルなどがあります。また，仕事の外側の生活も重視するものだとする生活人モデルの考え方も広がりをみせています[3]。**図表2−2**は代表的な人間モデルの一覧です。

図表 2−2　人間モデル

人間モデル	内　　容
経済人モデル	金銭的な報酬を重視
社会人モデル	他者との結びつきを重視
自己実現人モデル	自己実現を重視
生活人モデル	仕事以外の私生活を重視

出所：筆者作成。

　もし経済人モデルに立てば，組織と働く人の関係は，金銭のやりとりを中心に考えることになります。仕事での貢献には給与やボーナスといった金銭的な報酬で報いるという経済的な関係です。社会人モデルに立てば，人間関係に配慮したり，交流を深めることができたりするような職場づくりなどが実施されます（Column 2）。自己実現人モデルを想定する場合には，個人が成長できそうな仕事を割り当てたり創造性を発揮できたりするような職場づくりをすすめていくことになります。生活人モデルの場合には，個々人のワークライフバランスに配慮したり生活習慣の改善につながったりするような労働時間の運用な

●Column 2　社交の場としての職場

　人は仕事を通じて様々な人間関係を育みます。職場での人間関係は，なにも仕事に直接的にかかわるものばかりとは限りません。仕事の合間に軽い雑談を交わすような関係もあれば，プライベートでも遊びに行ったり飲みに行ったりするような関係をもつこともあります。場合によっては，恋愛関係に発展することもありますし，職場での出会いをきっかけに結婚にいたったという夫婦も現実にはたくさんいます。

　国内の調査でも，年々減少傾向にあるものの，回答者のおよそ2割以上の夫婦は職場や仕事での出会いを通じて結婚にいたっていることが報告されています。これは国内に限った話ではありません。米国や英国の調査では，4割近い社会人が職場の同僚や仕事の関係者と恋愛をした経験があると回答，さらに7割近くは同僚同士の交際は構わないと回答していることが報告されています。

　このことは，多くの働く人々にとって職場が社交の場にもなっていることを示しています。職場は本来的には仕事をする経済活動の場です。しかし，生活の多くの時間を占める職場は，一緒に仕事をする人たちと親交を深めて豊かな人間関係を育むための社交の場にもなっているのです。

どが考えられます。

　また，経営陣や人事部が人の才能や資質についてどのような前提や信念をもっているのかも，人的資源管理の取り組みに影響を及ぼします[4]。人の才能や資質はタレントと呼ばれています。タレントを軸にした人的資源管理の取り組みは，タレント・マネジメントといいます。社会における人の才能や資質に対する考え方や前提は，教育や福祉等の仕組みに反映されます[5]。同じように，組織においてタレントを稀少なものと考えるのか，それとも誰もが潜在的に備わっているものと考えるのかによって，組織の評価や育成の仕組みに違いが出てきます。たとえば経営者や人事部が，タレントをごく一部の人間に備わっている稀少なものと考えるのであれば，育成の対象者を厳選した排他的な教育が行われることになります。他方で，タレントが誰にでも備わっているものという前提に立てば，より包括的な教育が実施されるようになります。飲食業や小

売業などの非正規雇用の多い業界で，正規従業員だけでなくパートタイマーや
アルバイトにも同等の教育機会を設け，個々の技術や能力に見合った評価に取
り組んでいるのは，すべての構成員が組織に貢献しうる才能や強みを持ってい
るという信念の1つの現れと考えられます[6]。

　このように人の性質に対する仮定や信念も，様々な形で人的資源管理の取り
組みに影響を及ぼしています。

（注）
1　Bratton and Gold（1992），Dias（2011）を参照。
2　Adams and Mastracci（2019）.
3　鈴木・島貫（2021）。
4　Meyers and Van Woerkom（2014）.
5　Sandel（2020）.
6　柴田（2015）.

SECTION 2

人的資源管理の基本

第3章 採　用

　採用は人的資源管理の入り口にあたる活動です。応募者にとってそれは就職や転職の活動に該当するため，人生を大きく左右するものです。もしこの段階でミスマッチが生じれば，組織にとっても個人にとっても不幸な事態が発生してしまいます。本章では，主に組織と個人のマッチングという観点から採用の仕組みを考えていきます。

1　採用とは

　採用は，仕事をしてもらう人を外部から雇い入れる活動のことをいいます。新卒採用と呼ばれる高校や大学の学卒者を対象としたものや，中途採用と呼ばれる社会人経験者を対象としたものなど様々なタイプがあります。また採用の対象も，無期雇用を前提に働く正規の従業員のほか，パートやアルバイト，契約社員などの非正規従業員の場合もあります。

　採用の目的には大きく仕事の担い手の確保と，組織の活性化という2つがあります。

　組織には経営を通じて社会的な責務を果たすために様々な仕事があります。メーカーの場合には，製品の製造，販売，開発などが基本となる仕事となります。銀行の場合には預金の獲得と融資，決済や為替などが主な仕事となります。さらに組織には現時点で存在する仕事だけでなく，将来的に必要となる仕事というものもあります。たとえば，これから店舗数を拡大していこうとする飲食店の場合には，新しい店舗の経営という仕事が将来的に発生します。採用はこのような現在または将来の仕事の担い手を確保するための活動です。

　採用のもう1つの目的は，組織の活性化です。人を採用しなければ組織のメンバーが固定化してしまいます。メンバーが固定化すれば組織の狭隘化という

問題が起こってしまいます。チームの研究によれば，メンバーの入れ替えがないチームは，自己満足に陥りやすく，新しい発想や創造的な活動の水準が減退してしまい，パフォーマンスも低下する傾向があります[1]。組織は，採用によって定期的に外部から人を雇い入れることによってこのような狭隘化の問題を防ぎ，組織を活性化することができるのです。

2　採用のプロセス

　採用には大きく計画，募集，選考の3つのフェーズがあります（**図表3 − 1**）。

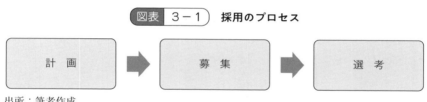

図表　3 − 1　**採用のプロセス**

計　画 → 募　集 → 選　考

出所：筆者作成。

　採用の計画は，採用したい人材像や採用の人数を決めることです。この計画の策定には，組織の長期的な構想・指針である戦略が大きく関わっています。たとえば製品や店舗の拡大路線を長期的な指針としている場合にはそれに見合った数の人員を確保する必要があります。あるいは他社にはない独自の製品やサービスの開発・販売を指針としている場合には，斬新なアイディアを思いつく発想力の高い人や，それを実行に移せるような行動力のある人が求められるでしょう。

　採用の計画が決まれば，次に応募者の募集がはじまります。組織は大学の就職部，ハローワーク，民間の就職情報サイトなど，様々なチャネルを通じて募集情報を求職者に提供します。求職者はこの情報をきっかけにして応募するか否かを決定するため，組織と人が出会うフェーズになります。

　募集に続いて行われるのが選考です。募集の段階で集まった候補者を計画に沿って選び出すフェーズです。選考にはエントリーシート，履歴書，適性検査や面接など様々なツールが用いられます。

3　採用のマッチング

　組織は採用において様々な課題に直面します。たとえば中小企業などでは，情報発信力が弱く募集の段階で十分な応募者を集めることができないという課題を抱えているかもしれません。大手企業の場合，応募者の数は十分であるものの，計画で想定している要件を備えた応募者を十分に集めることができないといった課題などもありえます。あるいは応募者も十分で時間をかけて選考をしたものの，内定の辞退が多いという課題を抱える組織もあります。このように採用において課題となる事柄は様々ですが，どんな組織にも共通するのは，組織と個人のマッチングと呼ばれる問題です。

　もしミスマッチが生じれば，組織の側は先の2つの採用目的を達成できなくなります。個人の側も組織に加入後に本来の働きができなくなったり，なじめずに離職してしまったりという事態になるかもしれません。経営の側にも個人の側にも不幸な事態が生じてしまうという意味では，採用においてマッチングはとても大事な事柄です。

　マッチングには大きく2つのタイプがあります。1つは，能力のマッチングです。これは求職者が持っている能力と，組織が求める能力とのマッチングを図ることを意味します。たとえばプログラミング能力のある人がほしいと考える企業は，応募してきた人の中からその能力を持つ人を見極めて選考することができてはじめて採用の目的が達成されます。企業が最新鋭の機材を用意しても，それを扱える能力が入社した人になければその機材は宝の持ち腐れになり，能力の面でのミスマッチが発生することになります。

　もう1つは，価値観の面でのマッチングです。これは組織が有する価値観と応募者のそれがマッチングしている程度のことです。どんなにスキルや知識水

準の高い人を採用しても，価値観の面でミスマッチがあれば，組織になじめず
に辞めてしまうといった問題が起こります。価値観は組織によって様々です。
挑戦を大切にする価値観，規則の遵守など保守的な行動をよしとする価値観，
チームワークを重んじる価値観などです。同じように人にもそれぞれ信条や大
切にしている価値観があります。これまでの研究によれば，組織の価値観が自
分の価値観と合致していると感じられるほど，その人の仕事に対する満足感や
組織に対する信頼度も高く，ストレスも少なくなる傾向があります[2]。価値観
のミスマッチが起きている状況というのは，たとえば自分は内向的な人間なの
に仕事でチームワークが重視されている場合であったり，自分はチャレンジン
グな人間なのに組織ではルールの遵守が重視されているといった場合などです。
その場合，人は組織の価値観に合わせて本来の自分の意思や感情を抑制せざる
をえず，それが疎外感やストレスを生み出してしまうのです[3]。

　もっとも採用では将来の時点でのマッチングも重要視されます。採用の時点
で組織が求める能力と価値観の2つの要件を満たしている人物というのはそれ
ほど多くありません。そのため，入社後に組織が求める能力と価値観を身に付
けてくれるポテンシャルがありそうだと判断されて採用されることも多くあり
ます。

　このように採用においては能力と価値観の面でのマッチングが課題になりま
すが，それを達成するのは簡単ではありません。採用では組織の側も個人の側
も印象操作をする動機が働くこと，さらにそれを見抜くことが難しいためです
（Pick up study 3[4]）。応募者にとって就職は人生を大きく左右します。そのた
め応募者は実際よりも真面目さをアピールするなど組織に少しでも良い印象を
伝えようという動機が強く働きます。これは採用する組織にとっても同じこと
がいえます。たとえば，実態よりも残業が少ないことを求職者にアピールする
といったことです。

Pick up study 3 履歴書のホワイトニング

　欧米でみられる印象操作の1つに，ホワイトニング・レジュメと呼ばれる現象があります。これは，アフリカ系やアジア系学生のようなマイノリティ人種の多くが，応募先の企業に提出するレジュメ（履歴書）をホワイトニング（白人のように細工）する現象です。たとえば，氏名欄でレイやエミリーなど白人がよく使用するミドルネームを入れたり，趣味欄に白人の趣味に多いハイキングやカヤックを挙げたりといった行為です。ちなみにカナダやアメリカでは，日本のように履歴書に顔写真を載せるという習慣はありません。

　求職活動中のマイノリティ学生を対象とした調査によれば，インタビュー対象者の学生のうち，およそ1/3以上が履歴書をホワイトニングした経験があると回答したことが報告されています。さらに約2/3の学生はそのような行為をしたことがある友人や家族を知っていると回答したといいます。このような行動をとるのは，学生が人種を理由に履歴書が不当に破棄されることを恐れているためであると考えられます。

　さらに，この調査ではホワイトニングされたレジュメの場合，マイノリティ人種であるとわかる履歴書よりも2倍以上も面接に呼ばれる可能性が高いことも明らかにされています。

　この現象は，採用において求職者は印象操作をしようとする強い動機が働くこと，さらにそれを採用側は見抜くことが難しいことを示しています。

4　マッチングの取り組み

　組織は，能力と価値観の面でのマッチングを図るために様々な取り組みを行っています。マッチングを図るための取り組みには，人材要件の明文化，RJP（Realistic Job Preview：現実的職務予告），多様な選考方法の活用などがあります。

　人材要件の明文化というのは，求職者に求める能力や価値観を明文化して，それを発信することでマッチングを図ろうとする取り組みです。たとえば，会

社のホームページなどで自社の価値観とそれを踏まえた人材要件を示すといっ
た取り組みが行われています。

　RJPは，組織や仕事の実態について，できるだけリアルな情報を応募者に開
示することです。リアルな情報というのは，仕事のやりがいなどのポジティブ
な情報だけでなく，仕事の厳しさなど応募者にとってはネガティブに映るかも
しれない情報も含まれます。そのためRJPは応募者の数を減少させてしまうか
もしれないリスクを伴う取り組みです。しかし，RJPにより組織と個人のマッ
チングの精度を向上させるだけではなく，入社後の帰属意識の向上や，リアリ
ティ・ショックの緩和などが期待できます。

　3つめの取り組みが，多様な選考方法の活用です。選考の方法には様々なも
のがあります（**図表3－2**）。主な選考には，履歴書・エントリーシートによ
る書類選考，認知テストなどによる筆記試験，性格や能力を測定する適性検査，
そして面接試験などがあります。

　こうした多様な方法を用いて人を選考するのは，1つの方法だけに頼ってい
ては組織と個人のマッチングを図ることが難しいためです。たとえば，面接に
は様々なバイアスが生じやすいことが指摘されています（**図表3－3**）。

図表 3－2 主な選考方法

選考方法	書類選考
	筆記試験
	適性検査
	面　　接
	ワークサンプルテスト
	リファラル

出所：筆者作成。

図表 3-3　面接で生じるバイアスの例

バイアス	内　容
アンカリング・バイアス	第一印象に基づいて応募者を評価すること
共通性バイアス	自分と共通点がある応募者を高く評価すること
純粋動機バイアス	内発的な動機の高い応募者を高く評価すること

出所：筆者作成。

　面接で生じるバイアスの１つはアンカリング・バイアスと呼ばれるもので，面接担当者が第一印象に基づいて応募者を評価してしまうことで生じるバイアスです。共通性バイアスは，面接担当者が自分と共通点がある応募者を高く評価してしまうエラーです（Column 3）。３つめのバイアスは純粋動機バイアスと呼ばれるもので，面接担当者が外発的な動機（賃金や福利厚生など）よりも，内発的な動機（仕事のやりがいや成長など）の高い応募者を高く評価してしまうエラーです[5]。

Column 3　ブラインド・オーディション

　オーケストラの楽団員の選考で取り組まれているものの１つに「ブラインド・オーディション」があります。これは人種や性別がわからないように候補者と審査員との間に衝立を用意し，楽器演奏の音のみで実力を判断するという方法です。1980年頃に，楽団が十分なスキルをもった演奏家を演奏スキル以外の理由で不合格としているのではないかという懸念から始まった取り組みです。

　当時，カナダやアメリカの楽団は能力主義を標榜して，性別に関係なく最高のスキルをもった演奏家を採用しているつもりだったものの，ふたを開けてみれば女性よりも男性が採用されることの方がずっと多くなっていました。採用を担当する楽団員のほとんどが白人男性で構成されており，自分と同じ性別の相手を無意識のうちに高く評価してしまう共通性バイアスに陥っていたためです。

　ブラインド・オーディションを実施することで，こうしたバイアスを取り除くことが可能になります。オーディションの実施は，ハイヒール着用時の歩行

音で女性と思われないように床にカーペットを敷くほどの厳重さで行われました。

　ブラインド・オーディションによって，女性の演奏者が選ばれる確率はそれまでよりも300％も増えたといいます。その結果，今日ではオーケストラの構成員のほぼ半数を女性が占めるまでになっています。

　この他にも，組織と個人のマッチングを図るためにワークサンプルテストやリファラルによる採用といった取り組みも実施されています。ワークサンプルテストは，組織の既存メンバーと一緒に実際の業務に近い仕事に取り組んでもらうことで応募者の適性をみる手法です。手間や時間はかかりますが，応募者の能力や価値観が組織のそれと合致しているかどうかをみるうえでは有効な手法になります。これまでの調査でも，ワークサンプルテストは，他の選考よりも将来の業績予測力が高い手法であることが報告されています[6]。

　リファラル（referral）は「紹介」や「推薦」を意味する英語です。つまり，組織の既存メンバーからの応募者の紹介による採用方法です。多様な応募者へのアクセスという面では難のある方法ですが，組織の価値観と合致した人物を採用しやすく，他の選考方法よりも組織に加入後の離職率を抑制しやすい方法であるとされます[7]。

　このように，組織は多様な選考方法を活用することで組織と個人のマッチングを図るという課題に取り組んでいます。

（注）

1　Katz（1982）.

2　Arthur et al.（2006），Kristof-Brown et al.（2005）.

3　Abraham（1999）.

4　Kang et al.（2016）.

5　Derfler-Rozin & Pitesa（2020）.

6　Ryan & Tippins（2004）.

7　Kirnan, et al.（1989）.

第4章 配 置

　採用が終われば，次はその人に営業，経理，経営企画といった特定の仕事が割り当てられます。これが配置と呼ばれる仕組みです。組織によっては一定の期間をへて配置の転換が行われます。人をどのように配置するかは経営の成果に大きな影響を及ぼします。働く人にとっても配置によって仕事の内容や働く場所，普段の仕事を一緒にするメンバーが変わるため大きな関心事の1つです。この章では配置の仕組みについて学習します。

1　配置とは

　採用が決まれば，その人に営業や経理などの特定の仕事が割り当てられることになります。配置とは，この特定の仕事を割り当てる仕組みや活動のことをいいます。いったん配置が決まればその仕事をずっと続けることになるとは限りません。組織によっては一定の期間をへて配置の転換が行われることもあります。配置の転換は，人事異動やジョブローテーションとも呼ばれる仕組みです。勤務地の変更をともなう配置の転換は一般に転勤と呼ばれています。

　人員の配置は経営において重要な機能を果たしています。誰にどんな仕事を割り当てるかによって，経営の効率や生産性は大きく変動するからです。ITに疎い人よりもそれを得意な人にPC関係の仕事を割り振ったほうが業務の効率性は高くなると考えられます。配置の決定は働く人の意欲や態度にも大きな影響を及ぼします。希望していた仕事や得意な仕事を割り振られたら，人はそれまでよりも意欲的に取り組むようになるかもしれません。逆に配置転換によって働く場所や職場の人間関係が変わり，それが仕事に対する意欲を左右するといったことも考えられます。

　人員の配置は大きく適材適所，育成，人的交流の促進といった目的で実施さ

れます。以下では，配置の目的を踏まえて，それが経営と働く人々に及ぼす影響について考えていきます。

2　配置の目的

適材適所

　適材適所は人の適性や能力にふさわしい仕事や部署に配置することです。人にはそれぞれ適性や向き不向きがあります。たとえば，ある人はとても社交的な人物で仕事でも他者との親密な関係を求めているとします。しかし，その人の職場では同僚や顧客との接触がほとんどなく自分ひとりで仕事をしているという状況は適材適所を図れていないと考えられます。ある仕事に適した能力や適性を持った人を起用した場合と，そうでない場合の仕事の効率を考えてみれば，適材を適所に配置することの重要性は明らかです。

　適材適所を考えるうえで参考になるのが職務特性モデルです（**図表4-1**）。このモデルはどんな特徴をもった仕事が意欲や満足感の向上につながるかは，

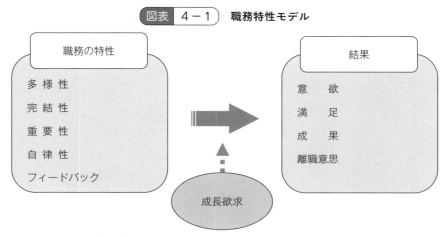

図表　4-1　**職務特性モデル**

出所：Kulik et al.（1987）を基に筆者作成。

それに従事する人の属性に依存することを示しています[1]。

　仕事には多様性，完結性，重要性，自律性，フィードバックの程度にそれぞれ特徴があります。多様性は仕事で必要となるスキルの多様さを意味しています。完結性は，自分の担当する仕事が組織全体の活動のうちどのくらいを内包しているのかを示しています。重要性は自分の仕事が他者にどの程度重要な影響を及ぼしているかを表します。自律性は，職務のペースや手続き，方法などをどの程度自律的に自分の裁量で決めることができるかを表します。フィードバックは，職務の結果についての情報をどの程度知ることができるかを示しています。

　モデルによれば，こうした特徴をもった仕事を割り当てられた場合に，その人がどれだけ仕事に意欲的になれるか，満足感を覚えるか，成果を出せるかは，本人の成長欲求に依存します。たとえば，責任のある重要度の高い仕事であったとしても，それを担う本人が成長を望んでいなければ，単に煩わしく負担に感じてしまうかもしれません[2]。これまでの研究でも，人の性格・ニーズや能力と仕事の特性との相性が高いほど，仕事の意欲や成果も向上しやすく離職も起こりにくい傾向にあることが分かっています[3]。適材適所を目的とした人員の配置は，まさにこうした効果を狙って実行されています。

育　　成

　配置や配置転換のもう1つの目的は人の育成です。人の能力の大部分は，実際の仕事の経験を通じて形成されます。そのため，どんな仕事に配置されるかによってその人が獲得する知識やスキルのパターンも変わってきます。配置の範囲を限定すれば特定の領域にかかわる専門的な能力を深められますし，その範囲を広げて多様な仕事を経験すればその分，能力の幅を広げることができます。仕事の知識やスキルの獲得だけではなく，人は従事する仕事に適したものの見方や考え方も知らず知らずのうちに身につけていくことになります。

　人の成長は，誰と一緒に仕事をするかにも大きく左右されます。たとえば能力の高い同僚がたくさんいる職場で働くことになれば，本人も能力を高めよう

Pick up study 4　ピア効果

　ピア効果は，個人が周囲の人（ピア）から受ける影響のことです。周りが努力しているから自分も頑張れたというような経験を多くの方がしていると思います。人は身近な友人や知人の行動や習慣，考え方に知らず知らずのうちに影響を受ける存在です。

　仕事の場合，周囲の人は同じ職場で働く上司や同僚になります。普段の仕事を一緒にしている上司や同僚は，本人の日々の感情や振る舞い，仕事の生産性などに影響を及ぼしています。

　たとえば，スーパーマーケットのレジ業務に従事する従業員を対象とした調査では，作業効率の高い同僚と一緒に仕事をしている時のほうが，従業員の仕事の効率性も高い傾向にあることを明らかにしています。警察組織を対象とした調査によれば，過去に不祥事を起こしたことのある警察官が他の部署に異動すると，その職場の人も非難されるような行為を犯す可能性が高くなる傾向があります。病院を対象とした調査でも，威圧的な上司の下で働いている職員ほど威圧的になる傾向に，支持的な上司の下で働いている職員は同じように支持的になる傾向が生まれることを明らかにしています。

　このように，ピア効果は良い方向にも悪い方向にも働きます。誰が誰と一緒に普段の仕事をすることになるかを決める配置の仕組みは，このピア効果を通じて働く人の態度や振る舞い，生産性などに大きな影響を及ぼしているのです。

と動機づけられます。このような周囲の人から受ける影響はピア効果と呼ばれています（Pick up study 4[4]）。職場や働く場所の変化を伴う配置は誰が誰と一緒に普段の仕事をすることになるかを決める仕組みでもあるため，このピア効果を通じて人に成長してもらうことも期待されています。

人的交流の促進

　配置の転換は，人的交流の促進を目的に実施されることもあります。配置の転換によっていろいろな仕事や職場を経験する間に，1人ひとりに社内の様々な人たちとのつながりができてきます。新しく配置された職場の人たちとの交

Column 4   昇進と人脈

　社内での人脈は，その人の昇進可能性にも大きな影響を及ぼします。なかでも自分の人脈を駆使して普段はあまり関わり合いのない人同士を橋渡しして上手に結びつけたりすることができる人ほど，昇進も早くなる傾向にあります。いろいろな人たちと橋渡しができる人脈のことを「構造的空隙」と呼びます。

　米国メーカーの経営陣を対象とした調査によれば，構造的空隙を豊富にもった人ほど，昇進が早い傾向にあることが明らかになっています。構造的空隙に恵まれていれば社内外の多様な情報を入手したり活用したりすることができるようになり，それが自身の仕事上の成果にもつながるためです。

流はもちろんのこと，前の職場のメンバーとの交流が途絶えるわけではなく，コミュニケーションや影響の手段として残存・機能し続けます。これには仕事についてやり取りし合うつながりもあれば，友人としてのつながり，雑談し合うだけのつながりなどが含まれます。働く人にとっては人脈が形成されてくるということを意味します（Column 4[5]）。

　配置転換にともなう人的交流の促進には，大きく以下の3つの機能があります（図表4－2）。

　1つは活発な情報やノウハウの交換が生じることです。社内の多様な人たちとのつながりによって情報やノウハウが循環しその共有が進めば，新たな製品やサービスの革新なども行われやすくなります。

　配置の転換によって組織内の人の交流が増えれば，支援の輪も広がってきます。社内の人的交流の促進に熱心な米国保険会社を対象とした調査は，同じ部署や他部署の人たちとのつながりが多い人ほど仕事で助言を受ける機会も多く，それが仕事の成績の向上にも反映されていることを明らかにしています[6]。

　組織の中で人的交流がすすめば，部門間のセクショナリズムも回避しやすくなります。配置の転換によって他部署同士の人とのつながりが生まれることで，意思疎通もスムーズになります。もし異なる部署同士の連携や情報交換がス

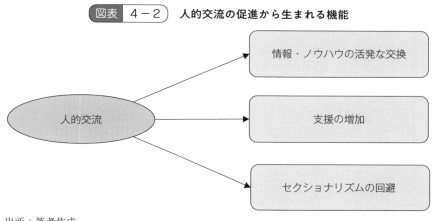

図表 4 - 2　人的交流の促進から生まれる機能

人的交流

情報・ノウハウの活発な交換

支援の増加

セクショナリズムの回避

出所：筆者作成。

ムーズでなければ，それぞれの部署において専門化が進行して分断状態になってしまい，仕事の効率が下がることもあります[7]。

3　組織をまたがる配置転換

　組織の枠を越えて人に異動してもらう仕組みの1つに出向があります。これは，元の組織（出向元）と雇用関係を維持したまま，出向先の関連・子会社等に人を異動させる仕組みです。図表4 - 3は出向の仕組みを図式化したものです。

　出向は，人の育成，出向先との人的交流の促進，雇用の維持，出向先への技術・経営指導など様々な目的で実施されます。たとえば，出向元の組織にはない業務の経験を出向先で積んでもらうことで人の育成を促すことができます。また，組織の業績が悪化した場合に人員の雇用を維持するために出向が実施されることもあります。業績が悪化すると組織は人件費を削る必要が生じますが，出向によりその一部を出向先に負担してもらうことが可能になります。実際，コロナ禍で一時的に従業員に出向してもらうことで雇用の維持を図ったという

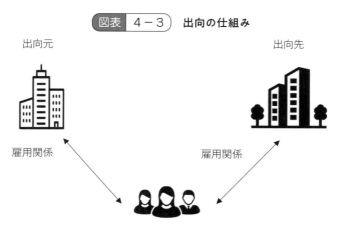

図表 4-3　出向の仕組み

出向元

出向先

雇用関係

雇用関係

出所：筆者作成。

組織も多くありました。

4　個人主導の配置転換

　配置には組織が主導して実施されるタイプのほかに，働き手の事情や意思を踏まえて決められる仕組みもあります。これは個人主導の配置転換と呼ばれています。働く人々はそれぞれ「子育ての最中」「家を新築したばかり」「介護が必要な親と同居中」など個別の事情を抱えています。また「商品企画の仕事をしてみたい」「都会で仕事をしたい」など様々な思いを抱いています。職場の上司や同僚に苦手意識をもっていたり，職場の人間関係に悩みを抱えていたりする人もいるでしょう。

　こうした事情や意思を考慮しない配置は，ときに納得を得られず，仕事への意欲を削ぎ離職に追い込んでしまうこともありえます。とくに勤務地の変更をともなう転勤はその人の家族や生活にも影響のある仕組みです。そのため，不本意な転勤を余儀なくされた人は，仕事に対する意欲を失ったり，その組織で長く仕事をしていこうという気持ちがなくなってしまったりという恐れもあり

ます。

　社内公募制とは誰がどんな仕事に配置されるかを公募によって決定する仕組みで，働き手の事情や意思を尊重した配置の1つです。人員の補充を必要とする仕事の希望者を公募によって募り，そこから最適な人員を配置する仕組みです。

　社内公募制は就きたい仕事について本人が希望することができる仕組みですから，組織主導のものよりも仕事や能力獲得への意欲の向上などが期待されています。

（注）

1　Kulik et al.（1987）.
2　Bond et al.（2008）.
3　Nye et al.（2017），Van Iddekinge et al.（2011）.
4　Duffy et al.（2012），Mas and Moretti（2009），Quispe-Torreblanca and Stewart（2019）.
5　Burt（1997）.
6　Methot et al.（2016）.
7　Tett（2015）.

第 5 章　育　　成

　組織は，採用によって外部から人員を雇い入れたら，次に，その人に仕事をきっちりとこなしてもらうために教育や訓練を実施します。しかし，そもそもなぜ組織は即戦力となる人員を外部から調達するのではなく，わざわざ高い教育コストを払って社内で育成するのでしょうか。いわゆる「Make or Buy」と呼ばれる問題です。本章では，この問題を中心に，育成の取り組みについて考えていきます。

1　育成とは

　育成は，人に仕事をしてもらううえで必要となる能力を身につけてもらうための取り組みです。能力開発や教育訓練と呼ばれたりもします。

　経営の良し悪しはそこで働く人がそれぞれどんな仕事ぶりを発揮するかによって決まりますから，組織で育成が行われることは当たり前のように聞こえるかもしれません。しかし，これは必ずしも当然のことではありません。

　人の育成には手間もお金もかかります。育成の分野には，特定の領域で熟達者になるには最低でも10年の経験が必要となるという「10年ルール」と呼ばれる考えもあります。さらに手間をかけて育成したとしても，途中で退職されてしまえば育成に使った費用が無駄になってしまいます。また，人の育成というのはこれだけの投資をすればこれだけの効果が得られるという費用対効果が必ずしも明確なものでもありません。

　そうなると，組織で手間とお金をかけて育成するより，はじめから即戦力となりそうな優秀な人材を外部から調達するほうが経営にとっては望ましいと考えることもできそうです。いわゆる「Make（育成）かBuy（調達）か」と呼ばれる問題です。

　この問題を考えるために，本章では，はじめに育成の対象となる能力のタイ

プを踏まえて，育成が組織と個人に及ぼす影響を考えていきます。

2 能力のタイプ

　能力の分類には様々なものがあります。ここでは2つの能力分類を紹介します。

　1つは仕事に必要となる能力を，認知能力，感情能力，身体能力の3つに区分する考え方です（**図表5-1**）[1]。認知能力は，仕事上の問題解決に役立つ言語・計算・推論にかかわる認知的な能力のことで，一般には学力テストなどで測定されます。たとえば営業の仕事では，取引先に自社商品の特徴を的確に伝える言語力，お互いの利害に合致するように合理的に値引きや条件交渉をするための計算力，取引先のニーズを正確に推論するための能力が必要になります。こうした認知的な能力は，どんな職業にも一定程度は必要とされ，平均的にみると仕事の業績を2割ほど左右するともいわれています。

図表 5-1 能力の分類1

能　力	内　容
認知能力	問題解決に役立つ認知的な能力
感情能力	感情を統制・理解する能力
身体能力	体力・持久力・柔軟性などの能力

出所：筆者作成。

図表 5-2 能力の分類2

能　力	内　容
一般的能力	どの組織でも役に立つ汎用性の高い能力
組織特殊的能力	特定の組織でのみ役に立つ特殊性の高い能力

出所：筆者作成。

　もう1つは，感情能力で，自分や他人の感情を統制・理解する能力を指し，EQテストなどで測定される能力です。これは対人的なサービスを提供するような職業でとくに重要となる能力です。サービス業では，意図的に笑顔を表出したり，クレーム処理業務で怒りを抑制して対応したり，利用者から丁寧に話を聞き不安を解消したりといったことが求められるためです。化粧品会社の販売員を対象とした調査では，感情能力の高い人は，そうではない人に比べて，年間の売上高が平均で1千万円ほど高く，離職率も60％ほど低いという結果が出ています。

　もう1つが，身体能力で，体力・持久力・柔軟性などのことです。一般には体力測定で測られる能力で，建設業や医療・介護等でとくに重要となります。

　これらの能力のうちどれがより重要になるかは，職種や業種などによって様々です。たとえば商品の企画を専門的に手掛ける組織であれば，メンバーの認知能力と感情能力がより重視されることになります。優れた商品デザインを考案するためには，顧客の潜在的なニーズを理解していくための言語能力，顧客データを正確に分析するための計算能力，顧客が抱える問題を創造的に解決するために必要な推論の能力が必要となります。また，消費者が商品を使用する際に抱く感情を理解する能力も重要になります。

　仕事の能力を，一般的能力と組織特殊的能力に分類する考え方もあります（図表5－2）。一般的能力は，どの組織でも役に立つ汎用性の高い能力のことで，たとえばITをあつかうスキルや簿記の知識，語学力などが挙げられます。組織特殊的能力というのは，特定の組織でのみ役に立つ能力のことで，たとえば所属組織にしかない道具や設備をあつかうスキル，その組織が販売している商品・サービスについての知識，その組織の同僚と協調していくためのコミュニケーションの仕方などが挙げられます。

3　育成の効果

　次に，組織において人を育成することの意義を，経営の視点と働く人々の視

点から考えていきます。

　まず，組織の円滑な経営においてとくに重要となるのは組織特殊的能力であると言われています。組織特殊的な能力を持つ人は，その組織で仕事をするうえでは生産性が高くなります。さらに，この能力は特定の組織でのみ役に立つものであり，それに対する投資は組織の異質性を高めて他社からの模倣を困難にします。これまでの研究でも，組織特殊的な能力への投資は，オペレーション上の成果や組織の長期的な発展・成長をもたらすことが明らかにされています[2]。このタイプの能力は，長期間の勤務による組織内での育成を通じてしか獲得できません（Pick up study 5[3]）。

　経営において育成が重要であることのもう 1 つの理由は，それが働く人々の仕事に対する意欲や組織に対する態度，自己効力感に肯定的な影響を及ぼすた

Pick up study 5　スター人材の転職と業績

　どのような業界にも輝かしいパフォーマンスを発揮して組織に大きな貢献をするスター人材は存在します。こうした人たちは，他社に転職してもすぐに同じような水準のパフォーマンスを示すことは可能なのでしょうか。

　投資銀行で働くスター人材を対象とした調査によれば，その答えはノーです。前職でどんなに優れたパフォーマンスを発揮していたアナリストでも，他の銀行に転職すると大半はパフォーマンスが著しく下落してしまい，さらにそれが長期に渡って回復しない傾向にあるのです。

　その原因の 1 つとして考えられるのは，アナリストのパフォーマンスの一部が組織特殊的な能力に依存していることです。一見すると本人の個人的な能力次第と考えられるような投資アナリストの仕事でさえ，職場の同僚と協調するためのノウハウや勤務する組織のデータベースを扱うノウハウなどの組織特殊的能力に依存しているのです。

　この研究は，一般にスター人材あるいは即戦力人材と目されるような人物であっても，一定程度は組織での時間をかけた育成が大切であることを示唆しています。

めです。

　まず，育成に積極的に取り組んでいる組織で働く人々は，自分への期待を感じて，組織への帰属意識を示す傾向があります[4]。人は誰でも，仕事のやり方を十分に教えてくれない，十分な成長機会を用意してくれないような組織に愛着を抱いたり貢献意思を示したりといったことはありません。

　また，育成は人の自己効力感を向上させます。これは自分の仕事の能力に対する自信のことで，育成を通じて必要なスキルや知識が身につくことではじめて実感できます。人は自己効力感を感じるからこそ，仕事でも失敗を恐れずに前向きに取り組むことができるようになります[5]。逆に，自己効力感が低ければ，自信喪失に陥り，新しいチャレンジもしなくなります。育成に積極的に取り組まない組織では，そこで働く人の自己効力感も十分に得られないことになってしまいます。

　このように，人の育成は，経営の観点からも，働く人々の観点からも重要な取り組みであるといえます。

4　育成の方法

　育成の方法には，大きくOJT（On the job training），Off-JT（Off the job training），自己啓発の3つのタイプがあります（図表5－3）。

図表 5－3 　育成の方法

育成の方法	例
OJT	実際の仕事を経験しながら，能力を身につけること
Off-JT	仕事を離れて，必要な能力を身につけること
自己啓発	仕事を離れて，自発的に様々な能力を身につけること

出所：筆者作成。

OJT

　OJTは，実際の仕事を経験しながら必要となる能力を身につけていくことです。営業の仕事であれば，実際に取引先に出向いて商談をしたり契約を取り交わしたりといった経験をとおして徐々に自社の商品知識や接客ノウハウを身につけていくことです。仕事は現場で学ぶものといわれています。これはOJTが，人の育成の最も基本的な取り組みであることを意味しています。OJTには，以下のような利点があります。

　1つめの利点は，実用的な知識の獲得を期待できることです。仕事で何がうまくいって何がうまくいかないかといったことについて，実際の経験をとおして体感的に知ることができます。仕事にはなかなか言葉では表せない知識やノウハウがあります。たとえば営業での交渉ノウハウなどは，何度も取引先に出向いて，いろいろな話をうかがいながら体感的に身についていくものです。

　2つめの利点は，学習効果が大きいことです。仕事の現場にはプレッシャーがかかっています。成果が出なければ顧客からも上司からも厳しい目が向けられるかもしれません。こうした環境で研鑽を積むことで大きな学習効果が得られます。

　OJTでは，経験の質と，指導役となる上司や先輩の存在が大きな役割を果たしています。まず，OJTの効果はどのような経験をするかに大きく左右されます。仕事もスポーツや音楽の世界におけるトレーニングと同じように活動をこなしていれば自動的に必要な能力が身につくというものではありません。**図表5−4**は，良質な学習経験の特徴を示しています[6]。

　1つは，ただ闇雲に仕事をするのではなく，明確な課題意識をもって仕事に取り組むことです。具体的にどんなスキルや知識を身につけるべきかという意識を持つかどうかで学習効果は大きく異なります。フィードバックは，自分の足りない能力や仕事の上達ぶりを知る機会のことです。今の自分にどんなスキルが足りないか，ある行動がどのような結果をもたらすのかを知る機会があるほど学習効果も大きくなります。修正の機会は，仕事で失敗をしてもそれを修

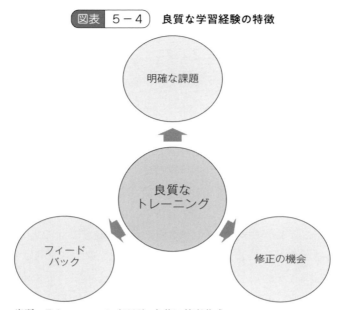

図表 5-4 　良質な学習経験の特徴

明確な課題

良質な
トレーニング

フィード
バック

修正の機会

出所：Ericsson et al.（1993）を基に筆者作成。

正することができる機会のことです。人は失敗から多くのことを学びます。も
しそうした機会がなければ，新しいことにトライする経験も得られず，学習効
果も乏しくなります。

　たとえば企画職の場合，他社が発売していないような新規性の高い商品を考
案することが必要になります。このような創造力を養うために，ある組織では
新しく配置された人員に数百の商品アイディアを考案してもらうという明確な
課題を与えるといった取り組みが行われています。アイディアの是非はベテラ
ンの社員に評価してもらうことで細かなフィードバックが与えられます。さら
に，アイディアがたとえ失敗したとしても降格や減給の対象とはしないことで
修正の機会が奨励されています。

　OJTでは，指導役となる上司や先輩の存在も大きな役割を果たしています。
一般にOJTでは，同じ職場の上司や先輩などが指導や助言を行います。そのた

●Column 5　期待の効果●

　人は周りの他者から期待をかけられることで大きな力を発揮することがあります。周りの期待によって学習や作業などの成果が変わる効果のことはピグマリオン効果として知られています。この効果はもともと学校教育の現場において提唱されたもので，教師が生徒の成長を期待すると，それが生徒に伝わり，学業成績が高くなる傾向があることを示しています。

　初期の実験では，まず生徒の成績にほとんど差のない２つのクラスが設けられました。一方のクラスの教師には，このクラスの生徒たちは優秀な生徒たちであると偽りの情報が告げられました。その後，そう告げられたクラスの生徒のほうの成績が実際によくなることが明らかにされています。実際には２つのクラスの生徒に成績の差はなかったにもかかわらず，教師の期待によって生徒の成績が向上していたのです。

　その後の研究において，ピグマリオン効果は，学校教育の現場だけでなく，スポーツや音楽の業界，経営における上司と部下の間にもみられることが報告されています。

め，指導役が学習者にどのような期待をもって接するか（Column 5[7]），どのような模範を示しているかなどによってOJTの効果は変わってきます。とくに指導役が仕事のやり方について模範や手本を示す率先垂範は育成においても重要です。人は自身の体験だけでなく，他者の行動を観察・模倣することによっても学習するからです。小売店を対象とした調査では，率先垂範をする上司がいる店舗のほうが，そうでない店舗よりも顧客満足度と生産性が高い傾向にあることが報告されています[8]。

Off-JT

　Off-JTは，仕事の現場から離れて必要な能力を身につけてもらう仕組みです。講義形式の研修や外地への視察研修といった形を取ります。研修の内容は新入社員研修，管理職研修，販売スキル研修，品質管理研修，アンガーマネジメント研修，コンプライアンス研修など多岐にわたります。

　Off-JTの利点は，仕事に関係する知識を体系的に学ぶことで，新しい視野や発想を得ることが期待できることです。新入社員の場合には，ひととおり自分の担当業務をこなせるようになると，どうしても仕事のとらえ方が限定されてきます。研修は仕事の延長線上では得にくい視野や，仕事の全体像や奥深さに気づく機会になります。たとえばアパレル業界では，仕事の視野を広げるために服飾の本場であるヨーロッパの文化を講師から学ぶ研修や，実際にヨーロッパに足を運んで服飾関係の工場を視察する研修などが開催されています。

　Off-JTでは，仕事の体系的な知識の獲得を期待できるだけでなく，一堂に会することでの絆づくりを促すことも期待されています。たとえば新入社員研修は，一定の期間，同期入社のメンバーが同じ空間で同じ課題に取り組むことで仕事に必要な能力を身につける取り組みです。これは同期の社員の絆を深めるきっかけともなります。研修が終われば様々な部署に散らばるので一緒に仕事をするわけではありませんが，その時の共通の経験によって絆と親密さが持続します。

自己啓発

　育成には自己啓発の支援もあります。自己啓発は働く個人が自分の意志で学習することです。OJTやOff-JTは組織が主体となって人を育成するための仕組みですが，自己啓発の支援は個人が興味や関心に従って自主的に学ぶことを組織の側が支援しようとするものです。たとえば，資格取得のための通信教育や，インターネットを用いたeラーニングなど多種多様なプログラムがあります。

5　育成と成長

　組織はOJTやOff-JT，自己啓発の支援を実施することで人を育成しています。しかし，単にこのような形で育成の環境を用意すれば人は能力を身につけていくというわけではありません。**図表5－5**は，育成の機会と個々人の能力の関係を図式化したものです。

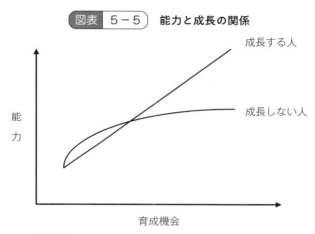

図表 5-5　能力と成長の関係

出所：筆者作成。

　この図表5-5で示しているように，同じ育成の機会が与えられても能力を
向上させて成長する人もいれば，成長しない人がいます。このような違いを生
む要因には学習意欲，好奇心，柔軟性，挑戦する姿勢など様々なものがありま
す。たとえば，好奇心が旺盛な人ほど新しいことを積極的に学ぼうとするため，
仕事での成長速度は早くなります。

　マインドセットも人の成長を考えるうえで重要です。マインドセットは個々
人の信念体系です。マインドセットは大きく2つのタイプに区分されます（図
表5-6）[9]。

　硬直型マインドセットは，能力は努力しても伸ばすことはできないとする信
念です。成長型マインドセットは，能力は努力次第で伸ばすことができるとす

図表 5-6　マインドセットのタイプ

硬直型マインドセット	成長型マインドセット
能力は努力しても伸ばすことはできないとする信念	能力は努力次第で伸ばすことができるとする信念

出所：Dweck（2006）を基に筆者作成。

る信念です。このどちらのマインドセットをもって仕事に取り組むかによって，成長の度合いは変わってきます。大学生を対象にした実験では，知能は生まれつきで決まるのではなく努力次第で変わるのだと教育されたクラスは，そうではないクラスよりも，勉強が楽しいと答え高い成績を収めたことが報告されています。

（注）

1　Colquitt et al.（2015）.
2　Crook et al.（2011）.
3　Groysberg et al.（2008）.
4　Allen et al.（2003），Solinger et al.（2021）.
5　Speier and Frese（2014）.
6　Ericsson et al.（1993）.
7　Berdik（2013）.
8　Eldor（2021）.
9　Dweck（2006）.

　育成が終われば，いよいよ仕事に取り組んでもらうフェーズに入ります。ここで
の人的資源管理が，仕事ぶりについての評価です。評価は，人の態度や行動に大き
な影響を及ぼします。さらに，もし評価に不満で納得がえられないものであれば，
組織への不信や離職の増加といった問題を引き起こしてしまいます。本章では，"公
正な評価"というテーマを中心に，評価について学習します。

1　評価とは

　人的資源管理における評価とは，仕事ぶりを評価する取り組みです。人事評
価，人事考課，人事査定などとも呼ばれます。仕事ぶりの評価は，大きく動機
づけと情報収集という2つの目的で実施されます。
　評価の目的の1つは動機づけです。組織が円滑な経営を行うためには，そこ
で働く人々に戦略や価値観に沿った働きをしてもらう必要があります。そのよ
うな働きを動機づけるための仕組みの1つが評価になります。たとえば，良質
なサービスを売りにしている飲食店の場合，スタッフに丁寧な接客態度を身に
つけてもらい，日々の接客で顧客に気配りする行動をとってもらう必要があり
ます。この時に，接客に一生懸命に取り組んでいるスタッフを高く評価するこ
とで，その人本人は普段の業務でいっそうのサービスを頑張ろうと動機づけら
れるでしょうし，他のメンバーも同じような働きぶりを示そうと動機づけられ
ることになります。評価には，人にどんな働きをしてもらいたいかについての
組織の期待が込められています。
　評価のもう1つの目的は，働き手の情報収集です。評価を通じて働き手1人
ひとりの情報が集まります。どんなことを得意・不得意とするのか，普段の勤
務を真面目に取り組んでいるか，しっかりとした成果を出しているか，などの

情報です。こうした1人ひとりの情報は，人的資源管理の様々な分野で活用されます。たとえば第4章で学んだ適材適所の配置転換は，働き手の得意・不得意を知ることなしには実現できません。第5章で学んだ育成も，1人ひとりの現在の能力についての情報を把握することでより効率的になる仕組みです。次の章で学ぶ報酬も，評価に連動した取り組みです。仕事ぶりに対しての評価に応じた報酬を受け取ることではじめて，人は組織のために必要な行動をとろうと動機づけられます。このように，評価を通じてえられる働き手の情報は様々な人的資源管理で活用されます。その意味で評価は人的資源管理の中核となる仕組みです。

　人の評価には，人のどんな仕事ぶりを評価するのかという「評価の対象」という部分と，どのように仕事ぶりを評価するのかという「評価の手続き」という部分があります。

2　評価の対象

　人の仕事ぶりを評価する場合，大きく分けて4つの対象があります（**図表6-1**）。

　1つめは，仕事で用いられる能力を対象とする評価です。能力の評価とは簡単に言えば「○○ができる」という部分についての評価で，営業の場合には，営業に必要な交渉スキルの有無や伸長を評価することです。今すぐに仕事で結果を出さなくとも，じっくりと自分の能力を着実に伸ばしていくことが高く評価される仕組みです。そのため，組織が能力を重視した評価をしているというのは，長期での人の育成を重視していること，能力の伸長を動機づけていることの表れです。

　2つめは，仕事の意欲・態度を対象とした評価です。これは情意評価とも呼ばれています。「頑張っている」人や，「組織のために積極的に働いている」人を高く評価する仕組みで，たとえば積極的な営業への姿勢を評価することなどが挙げられます。意欲や態度を評価することの意義は，能力の持ち腐れを防ぐ

図表 6−1　**評価の対象**

評価の対象	例
能力	交渉スキル
意欲・態度	積極的な営業の姿勢
行動	顧客への電話の回数
成果	販売台数

出所：筆者作成。

ことにあります。どんなに能力が高くてもそれが仕事で使われなければ単なる宝の持ち腐れに終わります。意欲や態度を重視した評価は，能力を活かして意欲的に仕事をしてもらうことを動機づけるための仕組みです。

　3つめは仕事での実際の行動です[1]。これは，「仕事の仕方」を評価することで，営業職の場合にはたとえば顧客に電話でのアポを実際にとっているか，新規の顧客を開拓するために訪問活動を実際に行っているかどうかを評価することです。行動の評価では，コンピテンシーが用いられることもあります。コンピテンシーとは，それぞれの仕事において成果を発揮するための行動特性です。たとえば，今日の病院経営において人為的な過誤や医療事故は重大な経営リスクとなっています。薬の投与や注射の際の患者誤認のような事態は，患者に実害をもたらすだけでなく訴訟問題にも発展しかねません。そのため，薬の投与や注射の際に本人確認のために名前や生年月日を患者本人に確認する，といった行動は安全な医療の提供に直接的に結びつくコンピテンシーといえます。行動を重視した評価は，能力や意欲・態度を評価する場合と比べて，成果を意識した仕事をしてもらうことを動機づけるための仕組みです。

　4つめは，仕事での実際の成果です。簡単に言えば「○○を達成したこと」についての評価で，営業職の場合には高級車の販売台数に応じて評価することです。ただし，仕事の成果は必ずしも明確ではありません。営業職の場合のように数値で明確に成果が判断できる場合もあれば，経理や法務，人事といった業務などは成果が数値で反映されにくい場合もあります。

　ここまで見てきたように人の仕事ぶりの評価には，大きく能力，意欲・態度，

行動，成果という4つの対象があります。これら4つの対象をすべて等しく評価の対象とすることは現実的ではありません。人は組織が自分に何を期待しているのかが分からなくなってしまうからです。

　そのため，現実の評価ではウェイトづけが行われますが，これは難しい問題です。人は評価されることには強く動機づけられ，評価されないことには動機づけられないものです。たとえば数値化された実績値による成果評価は，仕事の結果を出す方向に強く動機づけることが期待できる一方で，仕事のやり方や姿勢がおざなりになり，サービスの質や勤務態度の悪化を招くこともありえます（Column 6[2]）。

　組織が何にウェイトを置いて仕事ぶりを評価するかは，組織の戦略や価値観，仕事の特性などによって様々です。たとえば新規事業の開拓を戦略の柱としている場合，仕事で新しいことにチャレンジをするといった行動が評価において重視されます。また，顧客満足度の向上を戦略的な重点課題としている場合には，商品購入者の接客時の満足度によって販売部員の成果を評価するといった

Column 6　外科医の評価問題

　外科医を対象とした調査によれば，オペの成功率を重視した成果評価とそれに連動した報酬の仕組みは，複雑で重篤な症状の患者の手術を拒否するケースを増やしてしまうことがあります。悪い結果につながるかもしれない難しい症例を除外すれば外科医のオペの成功率は上がり，社会的な評判が良くなり，報酬も高くなるためです。オペの成功率という数値化された実績を重視した評価の結果，重篤な患者がそもそも手術されないという事態を生んでしまったのです。

　オペの成功率のような数値化された成果は，誰にとっても分かりやすく，外部への説明責任も果たしやすい評価基準です。また，それを測定するのも能力や意欲・態度などに比べて簡単で時間や労力が費やされることもありません。

　しかし，評価においてこうした測定しやすい成果があまりにも強調されると，安全への配慮やリスクを取る勇気の阻害，実績を操作する不正や改ざんなどの問題が引き起こされる恐れがあります。

取り組みが行われます。

　仕事の特性によっても評価の対象は変わってきます。営業のように短期の結果が出やすい仕事もありますし，商品開発などは試行錯誤を繰り返した後にやっと新製品が出るというように長期間かけて結果が出るという仕事もあります。後者の場合には，成果だけでなく，仕事への意欲や態度，実際の行動を評価の対象としなければ不満が出てしまいます。

3　評価の手続き

　評価では「評価の手続き」がもう1つのテーマになります。評価には不満が付き物といわれます。この問題を評価される側と，評価する側の両方から考えてみましょう。まず，評価される側は，自分の仕事ぶりを客観的にみることが難しいという問題があります。とりわけ能力や経験値の低い人ほど自分の仕事ぶりを客観的に評価することができずに過信しがちになるといわれています（Pick up study 6[3]）。

> ### Pick up study 6　ダニング・クルーガー効果
>
> 　人は自分の能力や貢献を無意識のうちに過信してしまう存在かもしれません。たとえば病院の研修医（インターン）を対象とした調査では，ほぼ100％近い研修医が血液採取の注射は簡単で，人にも教えることができると回答していたそうです。一方で世話役の医師や看護師のうち，その研修医たちが正確に血液採取できると判断したのは10％程度だったことが報告されています。能力や経験値が低い人ほど，過信してしまう現象はダニング・クルーガー効果と呼ばれています。
>
> 　過信するのは自分の能力だけとは限りません。夫婦を対象とした調査では，家事（皿洗いやゴミ出しなど）に対する自分の貢献度は何割かを聞いたうえで，互いの回答を合計すると平均で140％程度だったことが報告されています。
>
> 　評価に対する不満は，このダニング・クルーガー効果により自分の評価と他

者の評価とにズレが生じてしまうことが１つの原因になっていると考えられます。

　評価に不満が生じてしまう原因として評価する側の問題があります。評価が人の手で行われる以上，必ずばらつきやエラーが生じてしまいます。ここでは代表的な評価エラーとして４つのタイプを紹介します[4]（**図表６－２**）。

図表　6－2　**評価で生じるバイアスの例**

バイアス	内　　容
ハロー効果	顕著な要素だけをみて評価すること
対比誤差	自分自身をものさしにして評価すること
ジェンダー・バイアス	ステレオタイプに基づいて評価すること
近接性バイアス	物理的に距離が近い人を高く評価すること

出所：筆者作成。

　１つはハロー効果と呼ばれるエラーです。これは，顕著な要素だけをみて人を評価してしまうことです。１つの優れた点があると，他の部分も優れて見えてしまうことがあります。

　対比誤差は自分自身をものさしにして，人を評価する傾向です。人は自分の得意なことには厳しく，不得意なことは甘く評価してしまうといわれています。たとえば自分より業務処理が遅い部下に対して，それ以外の要素についても全て悪い評価にするといったことです。

　もう１つが，ジェンダー・バイアスです。これは男女のステレオタイプに基づいて相手を評価してしまうことです。評価のジェンダー・バイアスは，職場で男女格差が縮小しない原因の１つと考えられています。男性比率が高い職場や分野でジェンダー・バイアスが大きいことが知られています。

　近接性バイアスは物理的な距離が近い人ほど，好意的に評価することです。このエラーは，リモートワークの文脈で注目されてきたものです。実際に，リ

モートワーカーよりも，オフィスで一緒に働いている人たちのほうが職場で高
く評価される傾向があることが知られています。近接性バイアスが生じる原因
は，評価者が被評価者の仕事ぶりを直に見たり確認したりすることができない，
コミュニケーションの頻度が減るなど様々なものがあります。

　働いている人の立場に立てば，こうしたエラーによって仕事ぶりに見合った
評価が受けられなければ，評価の仕組みに対する疑念を抱くようになるのは当
然です。

4　評価の公正原則

　評価のエラーは働く人々の不平や不満につながり，それが組織に対する不信
や帰属意識の低下をもたらします。場合によっては離職を引き起こします。こ
れまでの研究でも，評価の手続きが不公正で納得が得られないものであれば，
組織への不信，帰属意識の低下，離職の増加などを招いてしまうことがあるこ
とが明らかになっています[5]。

　評価の公正原則というのは，働き手にとってなるべく公正だと感じられるよ
うな評価が備えている基準のことをいいます。研究によれば，人を公正に評価
するためには**図表6－3**で挙げたような基準が必要であるとされます[6]。

　バイアスの排除は，先にみた主観に基づくエラーを排して評価することです。
バイアスを排した評価の工夫の1つに多面評価があります。これは直属の上司

図表　6－3　評価の公正原則

原則	バイアスの排除
	一貫性
	正確性
	修正可能性
	代表性
	倫理性

出所：Leventhal（1980）を基に筆者作成。

に加えて同僚や部下，また顧客の声を反映させるなど複数の人からの評価を加味する取り組みです。

　正確性とは，評価が正確な情報に基づいているかどうかという基準です。評価される側は，自分の働きぶりについて確かな情報に基づいて評価されなければ納得しません。販売実績や契約件数など成果が数値化されている場合には正確な評価がしやすくなりますが，能力や態度・意欲などの対象は数値化が難しいだけに正確な評価は難しくなります。

　一貫性は，評価の基準が人や時間によってコロコロ変わらず，一貫していることを意味します。たとえば，評価において普段は人間的な成長を求めていながら，経営環境が悪化したとたんに成果が重視されるというような仕組みでは一貫性がなくなってしまいます。研究でも，組織の戦略や基本方針を反映した一貫性のある評価ほど，人は公正感をいだきやすい傾向にあることが明らかになっています[7]。

　修正可能性は，評価が不適切で納得がいかない時にそれを修正する機会が設けられていることです。評価の結果に納得がいかなかったり疑問があったりする場合にすぐに相談・苦情申し立てができる仕組みなどが挙げられます。

　代表性は，評価の手続きが人の関心や価値観，事情などをできる限り反映されているかどうかの基準です。人はそれぞれ様々な思いや事情を抱えて仕事をしています。たとえば介護が必要な親と同居しながら仕事をしている人にとって，業務を中断することで評価が減点になってしまう仕組みというのは，納得しがたいものです。

　倫理性とは，評価が社会の倫理的な規範から逸脱していないかという基準です。実際の評価の場面では，往々にして多少の不正やズルをしてでも仕事で実績の高い人物が高く評価される傾向にあります[8]。評価する立場にある上司は，職場の業績達成に責任をもっているためです。しかし，今日の社会ではますます不正や不祥事に対して厳しい目が向けられています。このような倫理的な規範を無視した実績重視の評価の仕組みは，働き手にとって公正だとは受け止められません。

（注）

1　組織で必要とされる職務行動については，原口（2014）が参考になります。
2　Muller（2018）.
3　Barnsley et al.（2004），Dunning（2011），Ross and Sicoly（1979）.
4　この他にも評価のバイアスには寛大化傾向，中心化傾向，期末誤差などがあります。
5　Cohen-Charash and Spector（2001）.
6　Leventhal（1980）.
7　三崎（2007）.
8　Campbell et al.（2023）.

第7章 報酬

組織では，仕事ぶりについての評価を踏まえて様々な報酬が支払われます。なかでも金銭的報酬の仕組みは，組織にとっては人件費の総額，働く側にとっては仕事への意欲や生活の質に影響を与えることからとても重要な人的資源管理です。この章では，報酬の仕組みや，それが組織や働く人に及ぼす影響等について学習します。

1 報酬とは

組織では仕事の対価として様々な報酬が支払われます。報酬の目的は，人員の仕事に対する動機づけや組織への定着を図ることにあります。当たり前のことですが，仕事ぶりに見合った報酬を十分に受け取ることができなければ，働いている人は仕事に意欲的に取り組んだり，そこで長く働こうとは考えないでしょう。

また，報酬は新しい人員の確保という面でも重要な役割を果たしています。求職者の多くは志望する職業や組織を，報酬の内容を基準にして考える傾向にあります。報酬の仕組みは，対内的にも対外的にも重要な機能をもった人的資源管理となります。

仕事の対価としての報酬には，大きく金銭的報酬と非金銭的報酬という2つのタイプがあります。とくに前者は働く人にとっての所得の源泉であり，仕事に対する意欲や日々の生活基盤になるものです。他方で，組織にとって報酬は人件費であり，材料費や経費と同様に大きなコストの1つになります。

金銭的報酬の設計には，どのような内容の金銭的報酬を支払うかという「金銭的報酬の内容」と，どのくらいの金銭的報酬を支払うのかという「金銭的報酬の水準」という2つの側面があります。

2　金銭的報酬の内容

　金銭的な報酬の内容には，基本給，手当，賞与，退職金などがあります（**図表7－1**）。

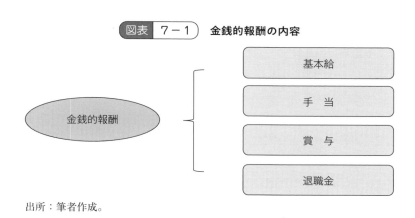

図表 7－1　金銭的報酬の内容

出所：筆者作成。

　基本給とは文字どおり仕事の対価として支払われる給与のベースのことで，組織にとっては人件費に，個人にとっては日々の生活水準にダイレクトに影響する報酬となります。基本給は，変動幅があまり大きくならないように設計されているという特徴があります。毎月の支給額に大きな変動があると，生活が不安定になるためです。支給額が安定していなければ，毎月の支払いが決まっている住宅ローンなども組めなくなってしまいます。そのため基本給は変動の大きくない年齢や能力，仕事の内容といった要素によって大枠が決められる傾向にあります。

　トラック運送業を対象とした調査でも，基本給の変動幅が大きいと離職率の増加を招く傾向にあることが明らかにされています[1]。調査の対象となったトラックドライバーの基本給は，固定の部分とは別に走行距離に基づいて支給額が変わる歩合制が取り入れられており，週や月ごとに給与が大きく変動する仕

組みが取り入れられていました。その給与の変動幅が大きいと，安定した生活を脅かすという懸念から否定的な反応を引き起こしてしまうのです。

　手当は，基本給を補完して働き手の生活を支えることを目的に支払われる報酬です。基本給よりも弾力的な運用をするために手当を使用します。手当には残業手当，役職手当，通勤手当，住宅手当などのものがあります。

　賞与は一般にボーナスと呼ばれる報酬のことです。基本給をベースに支払われる部分と，個人の成果や組織の業績が反映される部分があります。そのため，賞与は基本給や手当に比べて変動幅が大きいという特徴があります。組織は業績が好調な時には賞与を多く，業績が不振な時には賞与を少なくすることができます。組織の側は人件費をコントロールする調整弁として，また仕事の成果に対する動機づけを目的として賞与を使用しているといえます。

　退職金は組織を退職した後で支払われる金銭のことをいいます。退職金は長期勤続を奨励し，働く人々に対して退職した後に支払うことを約束した金銭といえます。功労報奨と早期離職の防止などの目的で設定されています。

　このように組織では変動の小さい基本給や手当によって働く人の生活を安定させて定着を促すとともに，変動の大きい賞与を用いることで仕事に対する動機づけや人件費の適正化を図っています。

3　金銭的報酬の水準

　組織が働き手にどのくらいの金銭的報酬を支払うかは，組織にとっては人件費の総額，働く側にとっては仕事の意欲に直結しています。金銭的報酬の水準は，組織の業績，世間の相場，個々人の仕事ぶり，物価水準などを反映して決められています（図表7−2）。

　まず，金銭的報酬の水準は，組織の業績によって大きく左右されます。もし組織が業績に見合った報酬を超えた金銭的報酬を働き手に支払えば，経営を大きく圧迫してしまいます。

　金銭的報酬の水準は，地域や業界の相場によっても左右されます。もし相場

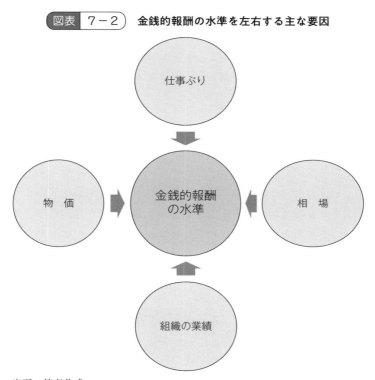

図表 7-2　金銭的報酬の水準を左右する主な要因

出所：筆者作成。

よりも自社の報酬が低ければ，人はそれに不満を覚えて辞めてしまったり，新しい人員の確保が難しくなったりといったことが起こります。人は受け取る報酬が妥当な水準かどうかを，同じ地域や同じ仕事をしている身近な他者との比較で判断する傾向があるためです。そのため，新規の人員の確保や，既存人員の離職の防止のためにも，なるべく相場を踏まえた競争力のある報酬の水準が設定されることになります。

　物価も金銭的報酬の水準に大きな影響を及ぼします。物価が上昇している局面では，それに合わせて給与も上昇しないと生活が苦しくなります。そのためたとえば労働組合がある組織では，こうした場面で組織の側に賃上げを要求す

ることがあります。

　金銭的報酬の水準は，1人ひとりの仕事ぶりによっても左右されます。給与が仕事内容や成果などの仕事ぶりと釣り合わなければ，不満の原因となります。人は長い時間働いたり，仕事に意欲的に取り組んで会社の業績向上に貢献したら，それに見合った報酬を受け取りたいと思うはずです。にもかかわらず，給与が一定であったりすると，それに納得がいかず，仕事への意欲も低下してしまいます。このことから組織では，仕事ぶりに対する評価を反映して金銭的な報酬が支払われます。

　仕事ぶりの中でも，仕事の結果である成果を重視して金銭的報酬を与える仕組みは成果主義と呼ばれています。仕事の成果とは無関係に報酬が決まるのでは成果をしっかり出せる人材は意欲を低下させ，よりよい処遇を求めて転職してしまうかもしれません。その点，成果主義では，仕事でより高い成果を出した人により高い報酬を与える仕組みによって，1人ひとりに成果を意識した仕事をしてもらうことが可能になります。

　ただし，成果主義が動機づけの面で機能するためには，いくつかの条件があります[2]。1つは仕事の独立性が高いことです。成果主義は1人ひとりの成果が問われる仕組みですから，もし仕事でチームワークが重視されていたり他者との協力が不可欠であるような場合には十分に機能しなくなってしまう恐れがあります（Pick up study 7[3]）。

　もう1つの条件は，仕事の成果が客観的に測定可能であるかどうかです。もし仕事の成果に創造性や安全性，責任感など数値等で客観的に測定しにくい要素を含んでいる場合には成果主義はなじみません。

> ### Pick up study 7　メジャーリーグの報酬格差
>
> 　野球はチームスポーツといわれています。どれだけ優れた選手を揃えていてもチームとして機能しなければ敗退することもありますし，逆に，優れた打線の組み方などでチームプレーを発揮することで優勝する例も多くあります。このような業界で，選手間の金銭的報酬の格差は，個々人の成績やチームの成果にどのように作用するのでしょうか。
>
> 　アメリカで人気スポーツの一角を占めるメジャーリーグにおいては，一部のトップスター選手と，それ以外の選手との金銭的報酬の開きが大きいという特徴があります。このメジャーリーガーを対象とした調査では，選手間の金銭的報酬の格差が大きいチームほど選手個々の成績も，チームの成績も悪化する傾向にあることが明らかにされています。なお個人業績は野手の場合には安打数，投手の場合には被安打数や登板回数等で，チームの業績は勝率や観客動員数等により測定されています。
>
> 　この調査は，金銭的報酬の過度な格差は，チームワークや協力関係を損なってしまう恐れがあることを示唆しています。

4　非金銭的報酬

　組織が人員の確保や仕事への動機づけ，組織への定着を図るための報酬には金銭以外にも非金銭的な報酬もあります。人は収入だけを目的に仕事をしているとは限りません。人によっては仕事を通じて自己を表現し，他の人々と親交を深め，人間として成長していきます（Column 7）。また仕事以上に私生活を大切にして働いている人もたくさんいます。非金銭的な報酬は，こうした人々の多様なニーズに応じて設けられる仕組みです。代表的な非金銭的報酬には福利厚生，雇用保障，昇進の3つがあります（図表7－3）。

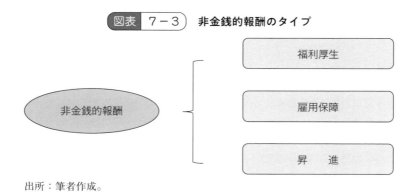

図表 7-3 非金銭的報酬のタイプ

出所：筆者作成。

福利厚生

　個人が現金として受け取らない報酬の1つが福利厚生です。これは働く人々の生活の質を向上させることを目的とした報酬の総称です。福利厚生には健康保険や雇用保険といった法律で定められている内容と，個々の組織が独自に設けることのできる内容の2つがあります。たとえば，住宅関連（社宅や寮などの居住施設や住居補助など），医療・健康関連（心身の健康の維持に向けたサポートなど），両立支援関連（仕事と育児・介護の両立を図るための助成など），文化・レクリエーション関連（リフレッシュするための施設や助成など），キャリア関連（資格取得にかかる費用援助など）といったものです。

　とくに後者の福利厚生は，他社との差別化を図りやすく，組織としての個性が出やすい報酬の仕組みであるという特徴があります[4]。奨学金返還支援制度，バースデー休暇，海外旅行補助など，自社の従業員のニーズに対応してユニークな福利厚生を導入している組織はたくさんあります。こうした独自の福利厚生を提供することによって組織は他社との差別化を図り，自社のイメージアップを図っています。

　生活の支援を目的とした福利厚生の充実は，働き手の仕事への動機づけや組織への定着につながります。たとえば，子育てと仕事の両立の実現が生活上の

重要な課題となっている人にとって，組織がそれを支援する体制であるか否かは大きな関心ごとです。仕事が忙しすぎて配偶者や子供と過ごす時間がとれない，子供の学校の面接や行事に参加できないといった事態が生じれば，ストレスの増加や健康状態の悪化を招いてしまうこともあります。場合によっては，離職の決意をするかもしれません。仕事と仕事以外の生活との両立に配慮した福利厚生策は，こうした事態を緩和することで，人の仕事への動機づけや組織への忠誠につなげることができます。

雇用保障

　雇用保障も非金銭的報酬の1つです。これは業績悪化など特別な理由がない限り雇用を維持することです。雇用の保障は，人々の生活の経済的な安定性にダイレクトに関係しています。もし簡単に解雇が行われるようであれば，人は安心して日々の生活を送ることもできなくなってしまいます。調査によれば，雇用保障に努めている組織で働く人ほど，その組織に対する帰属意識が高く，健康状態も良好な傾向にあります[5]。

昇　　進

　3つめは，役職（係長，部長など）への昇進の機会です。新しい役職への昇進には，昇給だけでなく権限の拡大も伴います。組織で権限が拡大すれば，自分の意思で進めることができる仕事の範囲や，成長や達成感を得られるチャンスも広がります。もし権限の大きい仕事で成果を残すことができれば，周囲からの称賛も得られやすくなります。逆に，内部昇進の機会が限られていれば，そこで働く人は疎外感を抱くようになります[6]。

●Column 7　非金銭的報酬としての仕事の意義

　仕事による自己実現や社会への貢献も，働く人々にとっての重要な報酬です。収入，雇用の安定，昇進の機会などを多少なりとも犠牲にしてでも仕事の意義を重視して仕事をする人たちも増えています。

　仕事の意義は，自分の仕事が周りの他者や社会に恩恵をもたらしている，役立っているという意識から生まれます。こうした意識は，人々に仕事に対する高い意欲をもたらします。1960年代のNASAでは，電気配線を修理するスタッフ，宇宙服を縫うスタッフ，床を掃除するスタッフそれぞれが共通して自分の仕事は「月に人を送り込むことだ」という強い使命感を持って意欲的に仕事をしていたことは有名です。

　こうした仕事の社会的な意義を強調した取り組みはパーパス経営と呼ばれています。「我々はこの社会において，○○のために存在し活動する」というパーパス（目的・存在意義）を明確にした経営の姿勢です。実際に，様々な業界の組織がどう地域社会に貢献し，人々に喜ばれる経営をしていくかを目指すような運営にシフトしています。

　組織のパーパスと個々の仕事を連動させてそれぞれに報酬として配分していくことも人的資源管理の重要な一部です。

5　トータル・リワード

　ここまで見てきたように，報酬には大きく金銭的報酬と非金銭的報酬の2つのタイプがあります。これらのうち，どの報酬が動機づけや定着につながるかは，その人の仕事に対するニーズやキャリアの希望，生活状況などによって様々です。たとえば高齢の人は医療や生命保険などの福利厚生や退職金といった報酬に高い関心を持つでしょうし，扶養家族をもつ人は仕事と育児・介護の両立支援や家族休暇などをより重視するでしょう。若い未婚の男女は，福利厚生よりも金銭的報酬を重視するかもしれません。

　トータル・リワードは，一律に報酬を提供するのではなく，こうした働く

人々の多様なニーズや状況を踏まえて金銭的報酬と非金銭的報酬をバランスよ
く支払うという取り組みです。多様な個人に合わせてより柔軟な報酬の仕組み
が必要であるという認識が背後にあると考えられます。

（注）

1　Conroy et al.（2022）.
2　Pfeffer and Sutton（2006）.
3　Bloom（1999）.
4　Kryscynski et al.（2021）.
5　Gaertner and Nollen（1989）.
6　Pfeffer（1995）.

第**8**章　退　　職

　人の採用からはじまる人的資源管理の出口となるのが退職です。退職は場合によっては失業を意味するため，デリケートな人的資源管理の１つとなります。日本ではこれまで円満な退職である定年制の仕組みが一般的でしたが，人口の高齢化などを背景にして，退職の仕組みはより多様化・複雑化しています。

1　退職とは

　退職とは，雇用の関係を解消して働いている人に組織から退出してもらうための仕組みです。組織で採用された人は誰でもいつかそこを離れるときが必ずやってきます。人が働いている組織を離れる理由には結婚，妊娠・出産，転居，他社への転職などの個人的な都合によるものもあれば，組織の業績不振やコスト削減など組織的な都合によるものもあります。本書では，後者の組織の都合による退職を考えていきます。

　退職は，慎重な手続きを要するデリケートな人的資源管理です。その理由は，退職の仕組みが経営の成果だけでなく，働く人の生活の質にもダイレクトに影響を及ぼすためです。経営する側にとって退職は人員が減るということを意味するので総人件費の削減につながりますが，高い能力をもった価値ある人材の放出によって長期的には経営の停滞を招いてしまうこともありえます。働く人にとって，退職は新しいキャリアの転機や出発点になることもあれば，場合によっては失業状態に陥って経済的に不安定な生活が強いられることもあります。

　退職の仕組みがデリケートであることのもう１つの理由は，退職後も組織と個人の関係は続くためです。組織を退職した人は，古巣の評判を地域で高めてくれる情報発信者となる存在になるかもしれませんし，優れた人材を紹介してくれる存在になることもありえます。また，社外で仕事を通じて協力できるよ

うな関係になるかもしれません。雇用関係の出口である退職の仕組みがずさん
であれば，こうした良好な関係も築けなくなってしまいます。

　本章では，このことを踏まえながら退職の仕組みを考えていきます。退職の
仕組みには，大きく定年制，解雇，希望退職の3つのタイプがあります。

2　定　年　制

定年制の機能

　定年制とは一定の年齢に達したら自動的に退出してもらうことを定めた仕組
みです。日本では，この定年制が最も一般的な退職の仕組みとして定着してい
ますが，それにはいくつかの重要な機能があります。

　まず，定年制は組織の新陳代謝を促します。一定の年齢に達した人たちが順
に離れることによって組織の年齢構成が高くなることを防ぎ，代わりの新しい
人員を採用することができます。こうした人の入れ替わりによって組織を活性
化させることができます。

　定年制には円満な雇用関係の解消につながりやすいという機能もあります。
これはもう1つの退職の仕組みである解雇と比べるとはっきりしています。解
雇の場合，組織と個人の間に様々な軋轢が生じることがあります。しかし，定
年退職の場合，年齢という基準が誰にとっても平等であることが社会的に認知
されているため，円満な形で雇用関係を終えることができます。

　さらに，定年制はそこで働く人々にとっての安心の提供をもたらします。働
く人にとって定年制というのは雇用が保障され想定外の退職を迫られるリスク
がなく，安心して人生設計することができるということを意味します。報酬の
章で解説したように，定年までの雇用保障に努めている組織で働く人ほど，組
織への帰属意識が高く，健康状態も良好な傾向にあることが知られています。

高齢化と定年制

　今日，退職の仕組みとして日本で最も定着している定年制の仕組みは多様化・複雑化しています。その背景の1つにあるのが人口の高齢化です。ますます進展する高齢化にともない，日本では関連する法規制も年々，改正されてきています。これにより定年制における年齢の引き上げや定年後の再雇用，定年制そのものの廃止など，その対応は多岐にわたります。

　人の能力は必ずしも全てが年齢とともに衰えるとは限りません（Column 8）。高齢化する社会においては，年齢という一律の基準による退職の仕組みを柔軟

●Column 8　年齢と能力

　年齢を重ねると，文字が見づらい，複雑なことを考えたり理解したりするのに時間がかかるなど困りごとも増えてきます。一方で「年の功」というように，年長者には豊富な経験があるからこそ，若年者にはない知識やスキルというものもあります。

　老年医学の分野には，人の知的な機能を「流動性知能」と「結晶性知能」に分類する考え方があります。流動性知能は，新たなことを習得し環境に適応するために必要な能力をさし，20代の頃にピークに達して加齢とともに低下するといわれています。一方の結晶性知能は，経験や教育などをとおして蓄積されていく能力で，語彙力や知恵などで表現されるものです。こちらは高齢になっても維持・発展が図られる可能性を持っているとされます。一般に，加齢とともに自覚する能力の低下の多くは流動性知能となります。

　また，長く働いているベテランほど，配置転換による多くの業務経験をへて培われた人脈や熟練など，組織に特有な能力を保持しています。技術革新や環境の変化があまり大きくない業界では，とくにこうした能力をもったベテランの価値は大きくなります。

　定年制により，年齢という一律の基準で人を退職させることが常に合理的であるとは限りません。高齢化する社会では，定年制以外の多様な退職のあり方についても考えていくことが重要になります。

に変更することで，経験を積んだ人たちを活かす組織が活力と競争力をもつようになると考えられています。

3　解　　雇

解雇は，雇用主からの申し出による一方的な雇用関係の解消をさします。これには悪質な規則違反や非行への処分として行われる懲戒解雇，勤務成績の不良や適性の欠如を理由とする普通解雇，経営不振を理由とする人員削減のための整理解雇の3つのタイプがあります（**図表8−1**）。

図表 8−1 解雇のタイプ

タイプ	内　　容
懲戒解雇	悪質な規則違反や非行への処分として行われる解雇
普通解雇	勤務成績の不良や適性の欠如を理由とする解雇
整理解雇	経営不振を理由とする人員削減のための解雇

出所：筆者作成。

解雇の課題

このうち整理解雇については経営上の重要な課題が存在します。1つが法律上の課題，もう1つは解雇のネガティブな影響による課題です。

日本では，整理解雇は次の4つの条件を満たさない場合，不当な解雇とされています。1つは"解雇の必要性"条件で，財務状況の悪化など解雇の必要性に迫られていることです。2つ目は"解雇回避の努力"条件で，他の手段によって解雇を回避する努力をしていることです。3つ目は"人選の合理性"条件で，解雇対象者の選定が合理的であることです。最後は"手続きの妥当性"条件で，解雇の対象者に納得を得るための妥当な手続きを踏んでいることです。以上の4つの条件を満たさない場合，整理解雇は不当であると判断されることになります。

　もう１つの課題は，整理解雇のネガティブ影響についてです。解雇は企業が不況に陥った場合に人件費を削減するための手立てとして実施するものです。これは短期的には総人件費の削減という効果をもたらす一方で，長期的にはネガティブな影響が生じる恐れがあります[1]。

　まず，解雇によってこれまでの人に対する教育投資の無駄が発生します。組織は採用した人員を教育・訓練の費用を負担しながら育成します。この費用は将来的にその人に活躍してもらうことではじめて回収されることになりますが，解雇をしてしまうとこれまでのせっかくの投資が無駄になってしまいます。

　さらに，整理解雇を実施すれば社会的な評判の低下を招く恐れがあります。整理解雇によって「人を大切にしない組織」という印象が定着してしまえば，社会的な信頼を失い，新規の採用や取引の継続，事業拡大などの障壁になることも考えられます。

　また，解雇は，その対象とならずに職場に残った人たちが示すネガティブな心理的反応を引き起こす恐れがあります。このような反応はサバイバー症候群と呼ばれています（Pick up study 8[2]）。これは解雇されずに自分だけ残ってしまったという罪悪感や，次は自分が解雇の対象となるかもしれないという不安や恐怖のことで，その結果，仕事の意欲や組織への帰属意識の低下を招いてしまいます。

　このように，整理解雇は経営にも働く人々にもネガティブな影響を及ぼす恐れのある取り組みです。米国企業を対象とした調査でも，経営不振に陥った際に，すぐに解雇を含めてダウンサイジングに踏み切った企業と，コストカット等の手段を駆使して，できるだけダウンサイジングを踏みとどまった企業を比較すると，後者のほうが長期的には会社の業績が回復しやすい傾向にあることが明らかにされています[3]。

　組織が経営不振に陥ったときに，解雇をせずに人員余剰に対処するためにとられる手段は雇用調整と呼ばれています。これには図表８−２のようなものがあります。

Pick up study 8　サバイバー症候群

　サバイバー症候群は，解雇されずに職場に残った人たち（サバイバー）が示すネガティブな心理的反応を示す用語です。解雇されなかった人たちは解雇対象となった同僚に比べて幸運かというとそうとも言い切れません。実際には，自分だけ残ってしまったという罪悪感を抱くかもしれませんし，次は自分が対象となるかもしれないという不安と恐怖を感じてしまうかもしれません。その結果，仕事に対する意欲や組織への帰属意識の低下を招いてしまうこともあります。

　カナダにおける医療改革によって解雇された医療関係者を対象とした調査では，解雇後に新しい職を見つけることができた人々は，病院に残った人々と比べて，健康的でストレスも低く，仕事への満足度も高く，欠勤率も低い傾向にあることが報告されています。

図表 8－2　人員余剰への対処手段

手段	労働時間の削減
	配置転換
	採用の抑制
	一時休業

出所：筆者作成。

　第1は，残業時間の規制などによる労働時間の削減です。第2は，出向を含む人員の配置転換です。出向の場合，在籍している出向元の組織の業績が回復すれば復帰することが前提となります。第3は新規の採用を抑制することで，総人員の段階的な減少を図ることです。第4は一時休業で，雇用関係を継続したまま就業を一時的に停止してもらうという措置です。

　組織が経営不振に陥る理由は様々です。マーケティングや財務などの面での戦略的な打ち手に起因するものもあれば，感染症の拡大や災害などの不測の事態で経営不振に陥ることもあります。その際に，どのような手段で対処するか

は後々の経営の成果に大きな影響を及ぼします。

4   希望退職

　希望退職の制度は，退職金を上乗せするなどして本人の意思で退職してもらう仕組みです。希望退職では，あくまでも本人の意思で退職を決めてもらう仕組みですから，解雇のような法的な課題に直面することはありません。しかし，解雇と同様に，教育投資の無駄の発生や社会的な評判の低下といったネガティブな結果を招いてしまうことがあります。

　さらに，希望退職には，組織の側が正確に退職する人数や人員を予測したりコントロールしたりすることが難しいという固有の課題があります。この仕組みはあくまでも本人の意思で退職を決めてもらう仕組みですから，たとえば想定した人数を上回る退職の希望者が出たり，本当は組織に留まってほしかった人が退職を希望してしまったという事態が起こり得ます。

（注）

1　Cascio（1993）.
2　Dlouhy and Casper（2021）.
3　Cascio et al.（2021）.

SECTION 3

人的資源管理の応用

第9章 労働時間

第**9**章 **労働時間**

人的資源管理では労働時間の設計も重要なトピックです。1人ひとりの仕事の時間は，経営のアウトプットを大きく左右すると同時に，その人の生活の時間や質も左右しています。そのため，労働時間は経営側のニーズと働く人の側のニーズの双方を実現することが課題となります。

1　労働時間とは

労働時間の仕組みは，働く人々に仕事をしてもらう時間を管理していくためのものです。仕事の時間は，経営のアウトプットを大きく左右すると同時に，働く人の私生活の時間や質も左右しています。

まず，労働時間は経営活動の成果を大きく左右します。たとえばレストランの事業で売上を伸ばすために営業時間を増やそうと思えば，人員の数が一定であった場合，スタッフにその分の時間を仕事してもらう必要があります。モノづくりの事業では，受注の増加に応じて生産量を増やそうとすれば，人員に残業や休日出勤をしてもらうなどして労働時間を増やす必要があります。

一方で，労働時間によって働く人々の生活の質も左右されます。長時間労働を強いられると，ストレスによる疲労や疾患などの健康問題を引き起こすこともあります。また，プライベートの時間が削られて家族・友人などと過ごすことや自己啓発に費やすことも難しくなってしまうかもしれません。

そのため，労働時間は経営側のニーズと働く人の側のニーズの双方を実現することが課題となります。労働時間の仕組みには，労働時間の「長さ」の管理と，「配置」の管理という2つの側面があります[1]。労働時間の長さとは1人ひとりにどれくらい働いてもらうか，労働時間の配置はいつ働いてもらうかを決める部分です。以下では，はじめに労働時間の基本的なポイントを踏まえた

うえで，労働時間の「長さ」の管理と，「配置」の管理について考えていきます。

2　労働時間の基本

　労働時間には，法定労働時間と所定労働時間の2つのタイプがあります。法定労働時間は労働基準法で定められている労働時間のことで，日本では1週間40時間，1日8時間までの上限が決められています。1日の労働時間が8時間までと決められているので，通常は週休2日制が働き方の基本となります。雇用主はこの法定労働時間の枠のなかで就業規則などによって，1人ひとりの労働時間を定めています。これを所定労働時間と呼びます。

　ただし雇用主は労働者側と協定を結べば，限度内かつ割増賃金を支払うことで法定労働時間を超えて仕事をしてもらうことが可能になります。この協定は，労働基準法の第36条にあたることから，一般に36協定と呼ばれています。

3　労働時間の長さ

　労働時間の長さを決める要因には，大きく分けて経営側のニーズと働く側のニーズがあります。経営側のニーズは適切な経営活動のアウトプットを生み出す必要性から生じます。売上を伸ばしたい，多くの受注に対応したいといった場合には，雇用主は1人ひとりに長い時間働いてもらうことを望みます。人数が同じ場合，1人ひとりの労働時間を増やすほど，売上や生産量などの経営のアウトプットも上昇するためです。工場の労働者を対象とした調査でも，一定の時間までは，おおむね労働時間と生産量との関係には正の関係があることが示されています[2]。

　他方で，仕事の時間は長ければ長いほど経営のアウトプットに繋がるかといえばそうではありません（図表9−1）。人員のストレスや疲労，集中力の低下などが原因でアウトプットの上昇率もその質も低下していくためです。先の調査でも，1週当たり労働時間が50時間を超えた段階でアウトプットの生産性

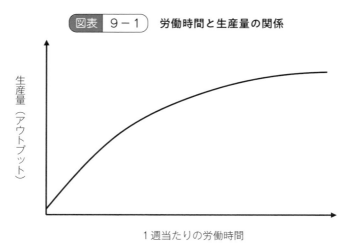

図表 9－1   労働時間と生産量の関係

生産量（アウトプット）

1週当たりの労働時間

出所：Pencavel（2015）を基に筆者作成。

が大幅に低下していくことや，前週に長時間の労働を行うほど次週のアウトプットは上昇しにくくなる傾向が確認されています。また，研修医を対象とした調査でも，週当たりの労働時間が極端に超過した場合，誤診が通常の5倍ほどになることもあるなど，アウトプットの質が低下する傾向にあることが指摘されています[3]。

長時間労働の原因

　長時間労働を助長する原因には様々なものがあります。1つは個人的要因です。たとえば個々人の時間選好は長時間労働と関係するとされています。時間選好とは，時間の使い方の計画性を示す個々人の特性のことです（Column 9[4]）。

● **Column 9 夏休みの宿題と残業**

　読者の皆さんは，学生時代の夏休みの宿題を早めに計画的に取り組んでいたでしょうか。それとも休みの終盤になってギリギリに終わらせていたでしょうか。実は，どちらのタイプであったかは社会人になって残業が多いか否かと関係しています。

　社会人を対象とした調査によれば，子どもの頃に夏休みの宿題をギリギリに終わらせていたと回答した人ほど今の仕事で長時間労働（残業）をしている傾向にあることが明らかにされています。この傾向は，労働時間を自分で決めることが可能な管理職にとくに顕著に現れるようです。

　宿題をするのが遅いというのは，やるべきことを後回しにしてしまう人の傾向を示しています。もっとも，この傾向はずっと変わらないというようなものではありません。つい物事を後回しにしてしまう自分の癖に気付くことができれば，工夫して乗り越えることも可能となります。

　長時間労働を助長するのは個人的要因だけではありません。評価や報酬の仕組みといった人的資源管理も長時間労働を助長する原因になりえます。たとえば仕事ぶりが意欲や態度で評価される職場ほど，長時間労働が増える傾向にあります。労働時間の長さが高い意欲を示す分かりやすいものさしだからです。成果を客観的に評価できないような仕事において，意欲や態度は働きぶりを評価するための重要な指標です。しかし，その評価が残業などの長時間労働を暗黙のうちに正当化してしまうこともありえます。

　また，報酬の仕組みも長時間労働を助長する要因です。米国の労働者を対象とした調査によれば，成果主義型の報酬体系の下で働く人ほど，友人や家族と過ごす時間よりも顧客や同僚らと過ごす時間を優先する傾向にあることが明らかとなっています[5]。成果主義のもとでは，高い報酬を得るために私的な関係よりも仕事上の関係を優先させるように動機づけられるのです。

　この他，組織の価値観も長時間労働と関係しています。調査によれば，突発的な業務が生じるような仕事に従事する人ほど，労働時間が増える傾向が示さ

れています[6]。無理をしてでも予期しない取引先や顧客の要望に応えることを是とする価値観が，労働時間の増加をもたらしてしまう可能性があるのです。

4   労働時間の配置

　労働時間の配置は，人にいつ働いてもらうかに関わる部分です。労働時間は一般的な「9時‐5時」のみとは限りません。事業の内容や業種によって，どのように労働時間を配置して，人にいつの時間帯に働いてもらう必要があるかは大きく異なります。

　たとえば医療機関や工場，コンビニなどのように24時間稼働しなければならない業種の場合には，稼働を維持するために労働時間を時間帯で区切り，それぞれを交替で勤務してもらう交代制が敷かれています。また宿泊業など季節や曜日によって需要の変動が大きい分野では，繁忙期に集中的に仕事をしてもらうような仕組みも必要となります。業務の繁閑が大きい場合に一律の労働時間であると，繁忙期には残業が生じる一方で，閑散期には労働時間に見合った仕事量を確保できないという問題が生じてしまうためです。

　また，IT技術者や研究開発従事者，クリエーターなどの知識を売り物にする職業は，労働時間と仕事のアウトプットが必ずしも比例するものではなく，一律に決められた労働時間になじみにくいといえます。個々人の生活の事情に合わせていつ働くかを柔軟に決定したいという働き手のニーズなども考慮されて決めていく場合もあります。

　労働時間の弾力的な「配置」の仕組みには，シフト制，フレックスタイム制，変形労働時間制などがあります。

シフト制

　シフト制は，一定期間（1週間，1ヶ月など）毎に作成される勤務割やシフト表などではじめて労働日や労働時間が確定するような仕組みです。パートやアルバイトなどの時間給で働く人に適用される場合が多く，その時々の経営の

事情に応じて労働日・労働時間を設定できるという点で，柔軟性の高い仕組み
といえます。

　シフト制では安定性の確保が重要なテーマとなります（Pick up study 9[7]）。
たとえばシフトが勤務先の都合で急に変更される，週ごとにシフトの内容（勤
務日数や時間）がコロコロ変わる，といった場合にはシフトが安定していると
はいえません。不安定な勤務シフトは，働く人の立場からすると生活の予定が
立てにくくなる，生活リズムを維持できない，収入が安定しない，といった問
題を引き起こす場合があります。その結果，ストレスの増加や睡眠の質の低下
を招き，離職の原因になってしまいます。

Pick up study 9　シフトの安定性

　シフト制のあり方は，経営の成果だけでなく，働く人の生活の質にも大きな
影響を及ぼします。

　アパレル・ブランドを展開する小売店で働く時間給のスタッフを対象とした
調査によれば，規則的で安定した勤務シフトは，スタッフの生活の改善ととも
に店舗の業績にポジティブな影響があることが示されています。この調査では，
安定したシフトを組んだ店舗と，そうではない店舗の比較が行われました。そ
の結果，安定的な勤務シフトを組んだ店舗ではそうではない店舗と比較して，
スタッフの健康，睡眠の質，幸福感が大幅に改善されることがわかりました。
さらに安定的な勤務シフトの店舗では労働生産性と売上ともに5％ほど向上し
ました。

　安定的な勤務シフトのメリットの1つは，それによって労働者の働きやすさ
が高まり，仕事への意欲が向上しやすくなることです。仕事の安定したスケ
ジュールによって労働者の生活リズムが整い，遅刻せず時間通りに出勤する可
能性も高くなります。

　シフト制は，一定期間ごとに労働時間を変則的に配置することで経営の柔軟
性を高める仕組みです。しかし，過度な柔軟性の追求が，経営にも働く人にも
ネガティブな影響をもたらすことがあるのです。

フレックスタイム制

　労働時間の配置を弾力的にする仕組みの1つがフレックスタイム制です。これは始業と終業の時刻を働く人に委ねる仕組みです。ただし，それではメンバー全員がそろう時間が必ずしも確保できなくなるため，業務の指示や会議の時間などの設定に支障をきたします。そのため一般には，必ず働いてもらわなければならない時間帯であるコアタイム，1人ひとりの選択により出退勤の時間帯を決めることができるフレキシブルタイムが設けられています（図表9－2）。

　働く人々にとっては，この制度により保育所への子供の送迎，介護，通院，通勤ラッシュの回避などそれぞれの生活事情に応じた働き方が可能になります。経営側にとっても労働時間の浪費の回避，残業の削減，早退・遅刻の解消などによる生産性の向上を図ることができます。

図表 9－2 　フレックスタイム制のイメージ

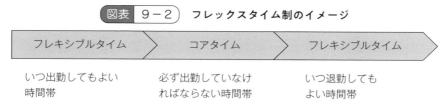

| いつ出勤してもよい 時間帯 | 必ず出勤していなければならない時間帯 | いつ退勤しても よい時間帯 |

出所：筆者作成。

変形労働時間制

　労働時間の配置を弾力的にするもう1つの仕組みが変形労働時間制です。これは，仕事の忙しさや特殊性に応じて労働時間の配置を弾力的にするための仕組みです。どんな事業にも季節や時期によって仕事の繁閑が生じます。たとえば，運送業では引っ越しが多くなる春先に繁忙期を迎えますし，リゾートホテルやスキー場では冬の季節が書き入れ時になります。小売業では年末年始セールや夏冬のバーゲンを実施する時期が繁忙期になります。このように繁忙期に

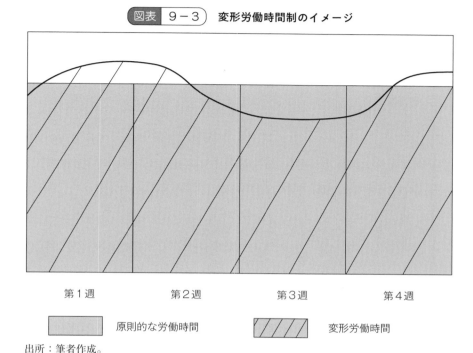

図表 9-3　変形労働時間制のイメージ

第1週　　　第2週　　　第3週　　　第4週

　原則的な労働時間　　　　　　　　変形労働時間

出所：筆者作成。

は長い労働時間を設定し，閑散期には短い労働時間を設定することにより，効率的に労働時間を設定することのできる仕組みが変形労働時間制です（**図表9－3**）。

（注）

1　今野（2008）。
2　Pencavel（2015），Pencavel（2016）.
3　Landrigan et al.（2004）.
4　大竹・奥平（2008）。
5　Hur et al.（2021）.
6　山本・黒田（2014）。
7　Kesavan et al.（2022），Schneider and Harknett（2019）.

第10章　ストレス

　人的資源管理の分野で関心が高まっているトピックの1つが，ストレス・マネジメントです。現代は，ストレス社会とも呼ばれ，組織で働く人々が抱えるストレスへの適切な対処は経営において重要な課題になっています。ただし，ストレス・マネジメントは，単にストレスの低減を目的とした取り組みではありません。本章では，ストレスへの適切な対処のあり方について学習します。

1　ストレス・マネジメントとは

　ストレスは日常の生活でも頻繁に使用される用語です。そのため人によって様々なイメージや考えがもたれる用語ですが，本章ではこれを心身の歪みが生じている状態であると考えていきます。

　ストレス・マネジメントは人員が抱えるストレスに対処して健康を確保するための一連の取り組みです。これより広義のストレスを含む心の健康状態を対象とする取り組みの名称としてメンタルヘルス・マネジメントや健康経営といった用語が使用されることもあります。

　ストレスは人が社会的な生活をする限り必ず生じるものです。とくに様々な対人関係や役割が発生する仕事では大小様々なストレスを受けるものです。仕事で経験するストレスは，働く人の心身に様々な反応を引き起こします。緊張や不安，フラストレーションのような心理面での反応もあれば，頭痛や不眠などの身体的な反応もあります。こうした反応が常態化すれば，仕事の生産性や生活の質にも重大な影響を及ぼします。

2　ストレス・マネジメントの役割

　組織で働く人が抱えるストレスに対処するための取り組みであるストレス・マネジメントはなぜ経営において必要になるのでしょうか。1つは，それによって経済的な損失を防ぐことができるためです。働く人々が過度なストレスによって体調を崩せば医療費の負担が発生するだけでなく，仕事への集中力や決断力が低下して本来の能力を発揮することができなくなることによる損失が発生します。

　ストレスによる体調不良と経営の経済的損失の関係を考える際の重要なキーワードに，アブセンティズムとプレゼンティズムがあります（**図表10－1**）。

図表 10－1　アブセンティズムとプレゼンティズム

アブセンティズム	プレゼンティズム
ストレス等による体調不良で欠勤している状態	ストレス等による体調不良を抱えながら出勤している状態

出所：筆者作成。

　アブセンティズムは働く人がストレス等を原因とする心身の不調により欠勤が生じている状態です。アブセンティズムによる休職者の増加は，本来こなすべきであった仕事が進まない，ほかのメンバーの業務負担が増えるといった問題が発生しますが，不在による損失がはっきりしているので課題として認識されやすい状態といえます。

　プレゼンティズムは，ストレス等による体調不良を抱えながら出勤している状態のことをいいます。出勤しているものの本来のパフォーマンスを発揮できないため業務の生産性低下につながります。さらに，不在の場合に比べて，不調や生産性の低下に周囲が気づきにくいという特徴があります。

　この2つの状態を比較した場合，後者のほうが経営における経済的な損失の

割合は大きいことが知られています[1]。アブセンティズムに比べてプレゼンティズムは見えにくく対処が難しいこと，より多くの人が陥りやすい状態であることなどが原因と考えられます。

　ストレス・マネジメントは法的な観点からも重要です。安全で健康的な暮らしを送ることはほとんどの先進国にとっての国民の権利となっています。日本では労働安全衛生法と呼ばれる法律によって，労働災害（業務に起因する負傷，疾病，死亡）を防止して労働者の安全と健康を確保することを雇用主に義務づけています。もし業務によるストレスでうつ病などの疾病を発症したことが明らかになれば，労働災害として認定され組織は行政処分の対象となります。

3　ストレスの基本モデル

　ストレスに適切に対処するためには，それを発生させるメカニズムや影響を理解する必要があります。ストレスを理解するための基本モデルが下記の図です（**図表10－2**）。

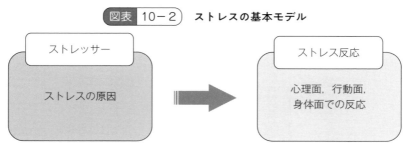

図表 10－2　ストレスの基本モデル

出所：筆者作成。

　ストレスの原因となる種々の要因のことをストレッサーと呼びます。職場で直面するストレッサーには様々なものがあります。

　ほとんどの仕事や職種に共通するストレッサーの1つが対人関係です。どんな仕事でも上司や同僚，取引先との関わりなしには成立しません。そのため多

少の人間関係のこじれや軋轢は常に生じます。しかし，それが行き過ぎると，人は気分を害してストレスを抱えてしまいます。対人関係上の問題において，とくにストレッサーになりうるのがハラスメントや誹謗中傷です。これは，直接的な被害者だけではなく，それを目撃する周囲の人々にも及びます。たとえば公共機関に勤務する労働者の調査では，職場でいじめを目撃した人のうち73%がストレスの増加を経験し，44%の人は自分も標的になるのではないかという不安を抱いたことが報告されています[2]。

　主要なストレッサーの2つめが仕事の様々な特性です。仕事でどんな役割をどれくらい担っているかどうかについてです（Pick up study 10[3]）。たとえば職場でこなさなければならない仕事の量が多く長時間労働が常態化している職場ほど，WLBの程度も低く，ストレスの水準は高くなる傾向にあります。調査によれば，長時間労働による慢性的なストレスは，死亡率や疾病の発生率の

Pick up study 10　教師の離職理由

　ストレスなどのメンタルヘルスにかかわる問題が取り沙汰されることの多い職業の1つとして，教師の仕事があります。学校の教育は，教員と生徒との人格的な触れ合いを通じて行われるものですから，教員が心身ともに健康を維持して教育に携わることができるようにすることがきわめて重要です。

　では，やりがいや大きな責任を伴う教師の離職にはどのような要因があるのでしょうか。その1つは業務量が多すぎることによる多忙化です。とくに授業などの教育活動以外の業務量の多寡は離職を引き起こす主要因であることが明らかにされています。米国の幼稚園から高校までの3,000人以上の教員を対象とした調査では，教員の離職に最も大きな影響を及ぼす要因は教育関係の業務以外の業務量の多さでした。教師の仕事は直接の教育以外にも，部活動，委員会，保護者対応，行事の準備など多岐にわたります。

　こうした教育活動以外の業務があまりにも多いと，それ自体がストレスになるだけでなく，十分な休息をとることができなくなったり，教育という社会的に意義のある仕事をしているという感覚が失われてしまうでしょう。

面で受動喫煙と同等かそれ以上の健康被害をもたらす可能性があることが明らかにされています[4]。

　ストレッサーの3つめが雇用不安です。多くの働く人々にとって仕事は自分のアイデンティティの一部であり，生活を支える手段でもあります。不況や組織の業績悪化で雇用の不安定性に直面すれば，人はアイデンティティの喪失や将来への不安を覚え，それがストレスの源泉となるのです[5]。たとえばある調査では，2008年から2009年の経済不況時に，とくにフルタイムで雇用されている45歳以上の大学教育を受けた白人男性でストレスが増加したことが報告されています。これは，不況による失業危機，実際の失業，退職金の喪失などが原因であると考えられています[6]。

　こうしたストレッサーによって引き起こされる心理面，身体面，行動面での反応をストレス反応と呼びます。心理面での反応としてイライラや不安，気分の落ち込みなどがあります。身体面での反応の例としては頭痛や食欲低下，不眠などがあります。行動面での反応には，飲酒や喫煙の増加，仕事でのミスや事故などがあります。

4　ストレスへの対処

　様々なストレッサーによるストレス経験は，ネガティブな反応を起こします。そのため，組織は働く人々が抱えるストレスに適切に対処する必要が生じます。

　1つは仕事の裁量の拡大です。仕事の裁量が果たす役割を考えるうえで有効な枠組みが仕事の負荷・裁量モデルです（**図表10－3**）。このモデルの横軸が示す仕事の負荷というのは，仕事での量的・質的な負荷の大きさを意味しています。右に行けば行くほど，仕事量が多かったり，責任や成果達成のプレッシャーが大きかったり，必要とされる集中力の度合いが大きかったりということが当てはまります。縦軸が示す仕事の裁量というのは，仕事において自分が意思決定できる範囲の大きさを意味しています。上に行けば行くほど，自分の判断で休憩の時間や仕事の手順を決めることができたり，自分の能力を自由に

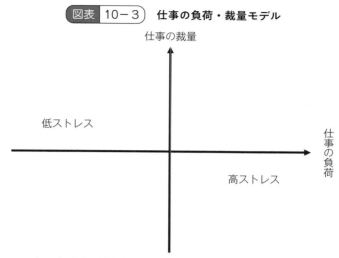

図表 10-3　仕事の負荷・裁量モデル

出所：Karasek（1979）を基に筆者作成。

試す機会が多かったりということが当てはまります。

　このモデルが示すように，仕事量や責任・プレッシャーの面で負荷が大きくなればストレスの水準は高まりますが，一方で，仕事において裁量の範囲が拡大するほどストレスは緩和される傾向にあります（Column 10）。

Column 10 ボルボ社の実験

　仕事の裁量が果たす意義については，1980年代に実施されたボルボ社の実験が有名です。スウェーデンの自動車メーカーであるボルボ社では，ベルトコンベヤー式の組み立てを行っていました。作業員は同じ場所に立って目の前に車体が来るのを待ち，車体が来ると60〜90秒で定められた作業をします。作業員たちの業務は定められたことを機械のペースに合わせて淡々と行うという点で，仕事の裁量度が低く，ミスが許されないという点で負荷が大きい業務でした。

　そこでボルボはベルトコンベヤー式から「チームで組み立てる方式」に変更を行いました。この方式では，作業員は作業の全体工程を見渡し，どの作業を誰が行うか話し合い，万が一チームの誰かが欠けても大丈夫なように，お互いの作業内容を覚えるようになりました。また，検品作業も任せることで，組み立て作業に責任感を持てるように設計したのです。

　ストレスの度合いを客観的に評価するために，1日の始業前と終業後に採血をしてアドレナリンの分泌量を測定しました。アドレナリンはストレスを感じていればいるほど，分泌量が多いとされているホルモンです。チーム式の時はアドレナリンの分泌量が極端に減少し，すぐにストレスが少なくなりました。

　この実験結果は，大切なことを教えてくれています。同じ効率で同じ業務を行う場合でも，仕事の仕方を変えるだけで，ストレスを減らすことができるということです。

　職場での同僚からの支援もストレスを緩和させる大きな要因です。このような支援のことをソーシャル・サポートといいます。ソーシャル・サポートには大別して道具的サポートと情緒的サポートの2種類があります。道具的サポートというのは，仕事上の問題を解決するためのサポートのことで，具体的には仕事に役立つ情報や助言をするといった働きかけが該当します。一方で情緒的サポートとは，励ましや悩みの相談というような情緒面への働きかけのことです。つまり，ソーシャル・サポートとは，普段の人間関係の中でのサポーティブなやりとりのことです。

　1人ひとりのストレスに対する認識の違いや耐性に応じた柔軟な配置の転換

もストレス対策では重要です。ストレスやストレッサーに対する認識や耐性には個人差があります。たとえば海外勤務の辞令を受けた場合に，それをチャンスと捉えるか，それとも不安になってしまうのかには個人差があると考えられます。もし，職場での対人関係上の困難や仕事の負荷を自分を成長させる新しいチャレンジだと認識すれば，仕事の意欲が向上するといったこともありえます。また，成人を対象とした調査によれば，「ストレスは健康に悪い」と思い込んでいる人ほど死亡リスクが高い傾向にあることが報告されています[7]。

　育成による能力獲得もストレス対策では必要です。ストレスに対する耐性は，それに個々人がどう対処できるかについての能力に依存します。こうした能力はコーピングと呼ばれています。これは大きく問題焦点型コーピングと情動焦点型コーピングの2つに区分されます。前者は，ストレッサーとなっている状況や問題に働きかけ，それを直接解決する対処法であり，後者は，実際の状況を変化させるのではなく，ストレッサーがもたらす不快な感情を軽減させる対処法です。こうしたコーピングのレパートリーが豊富であることによってストレスを軽減させることが可能になります。

　ストレス・マネジメントは，単にストレスの低減を目的とした取り組みではありません。1人ひとりのストレスに対する認識や耐性が異なることを踏まえた上で，配置や育成などの人的資源管理によって柔軟な対処が必要な取り組みです。

（注）

1　Collins et al.（2005）.
2　Rayner（1999）.
3　Zimmerman et al.（2020）.
4　Pfeffer（2018）.
5　Schumacher et al.（2016）.
6　Cohen and Janicki-Deverts.（2012）.
7　McGonigal（2016）.

　近年，人的資源管理の分野では「ダイバーシティ」（Diversity：多様性）という言葉がよく使われるようになってきました。ダイバーシティ・マネジメントは，人々の多様な属性（性別，年齢，国籍，価値観など）を経営に積極的に活かそうとする取り組みです。しかし，多様でバラバラの個人が協力し合うのは言うほど容易ではありません。本章では，ダイバーシティ・マネジメントの考え方と取り組みについて学習します。

1　ダイバーシティ・マネジメントとは

　ダイバーシティ（diversity）とは，多様性を意味する英単語です。ダイバーシティ・マネジメントは，人々の多様な属性（性別，年齢，国籍，価値観など）を経営に積極的に活かそうとする取り組みです。もともとはマイノリティの問題を抱えるアメリカで生まれた運動ですが，今日では日本でも社会全体として，そして個々の組織として取り組むべき課題になってきています。

　はじめのころのダイバーシティ・マネジメントは，人種，性別，宗教などが異なる人々をいかに包摂するかに関心を払う福祉的な取り組みとして着手されていました。アメリカでも日本でも企業などが女性やハンディキャップをもつ人たちをどれだけ雇用し，活用できるかというのがメインテーマでした。

　しかし，現在では多くの組織がダイバーシティ・マネジメントを，人員の多様性を活かして組織の成長・発展を図ろうとする戦略的な取り組みとして位置づけています。多様性を包摂するという受け身の姿勢から，積極的に多様化を進めるという前向きな姿勢へとシフトしてきているのです。

2　ダイバーシティのタイプ

　図表11－1は，それぞれの人がもつ属性の多様性を示したものです。これが示すように，ダイバーシティには表層的な属性の多様性と，深層的な属性の多様性の2つのタイプがあります。

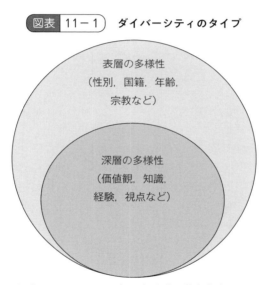

図表 11－1　ダイバーシティのタイプ

表層の多様性
（性別，国籍，年齢，
宗教など）

深層の多様性
（価値観，知識，
経験，視点など）

出所：Harrison et al.（1998）を基に筆者作成。

3　ダイバーシティ・マネジメントの効能

　人種や性別といった多様性に限らず，性格，能力，価値観などが異なる人達が組織の中に混在することには様々なメリットがあります。1つめは，多様な市場の開拓が行いやすくなることです。人員の多様性が増せば，その分だけ様々な消費者ニーズや多様な市場の変化に対応できるようになります。逆に，組織のメンバーが同質的であれば，外部からの変化や警告に気づかなかったり

● Column11   **CIAの過ち**

　米国の対外情報機関であるCIAは，2001年9月11日に発生した同時多発テロをなぜ未然に防ぐことができなかったのでしょうか。その原因の1つに，CIAという組織のダイバーシティの低さがあったことが指摘されています。

　実は，テロが起こるまでの数年間でCIAはいくつもの手がかりを入手していました。アルカイダは，少なくとも1993年にはイスラム教のタブー（自殺）を破って自爆テロを実行していました。裕福な実業家の息子としてサウジアラビアに生まれたビンラディンの名は，アラブのテロ組織に関する諜報報告書に繰り返し登場していたのです。

　また，ビンラディンが最初にアメリカに宣戦布告をした1996年の録音声明において，彼は「イスラムに対する弾圧者」を壊滅すると明言し，一部のムスリム（イスラム教徒）から大きな支持を得ていたとされています。

　これだけの兆候があったにもかかわらず，CIAは潜入捜査などを開始せず，テロ計画が未然に特定されることはなかったのです。

　CIAの職員は当時，驚くほど同質的でした。ほとんどが白人，男性，中産階級，アングロサクソン系で占められていたのです。この組織には中国語，韓国語，ヒンディー語，ウルドゥー語，ペルシア語，アラビア語を話せる分析官がほとんどいませんでした。

　CIAがもっと多様性に富んだ集団であれば，アルカイダのみならず世界中の脅威に対してもっと深い洞察力を発揮できていたと考えられます。考え方の枠組みや視点の違う人々が集まれば，物事を多面的かつ包括的に判断できる大きな力が生まれるからです。

無視してしまうことになります（Column 11）[1]。人員の多様性によって製品やサービスを開発・販売して新市場を開拓できる余地が広がります。

　2つめは，組織のクリエイティビティにつながることです。クリエイティビティの源泉の1つは異質なものの相互作用です。異なる視点，知識，感性が混じり合って化学反応が生じ，そこから新規で有用なアイディアが生まれます。新興企業やクリエイティブ産業は，その効果を期待して意識的に多様な人材を世界中から集めています。クリエイティブ産業の1つに出版業界があります。

出版業界の仕事は，書籍や雑誌，コミックなどの媒体の企画・編集・出版等を
します。アメリカの出版業界で1つのコミックを出版するためには，通常複数
のクリエーターで構成されるチームがあたります。このコミック制作における
チームを対象とした調査によれば，チームを構成するクリエーターたちの専
門・経験ジャンルが多様であるほど，ベストセラーとなるコミックを生み出し
やすい傾向があることが明らかにされています[2]。クリエーター同士が多様な
背景に基づく知を共有できれば，クリエイティブな本を生み出せる可能性が高
くなるのです。

　もう1つは，集団浅慮を回避しやすくなることです。集団浅慮は，人が集ま
ると自分の意見よりも声高な人の意見や全体の雰囲気に迎合してしまう心理の
ことです。メンバーの同質性が高い場合，同調圧力が作用して全体の「和」を
優先したり，メンバー間の無用な対立を回避しようとしたりする姿勢が生まれ
る傾向にあります。その結果，集団浅慮に陥り，誤った意思決定につながって
しまうことがあります（Pick up study 11[3]）。

Pick up study 11　多様性と意思決定の質

　多様性の高い集団では，批判的な意見が出たり，問題を深く掘り下げたりす
ることができ，健全で質の高い意思決定を下す可能性が高くなります。
　株式投資の実験では，同質的な人種のトレーダーで構成されたチームは，お
互いの判断を信頼しすぎてミスが多かった一方で，人種が多様なメンバーで構
成されたチームのほうでは，投機による価格高騰は減り，実際の市場価格を
58%も正しく反映したという結果が出ています。
　模擬裁判の実験では，白人のみで構成されるチームよりも黒人と白人の混合
チームのほうが，事件やその証拠についてより慎重に時間をかけて議論をして，
事実誤認も少ない傾向にあることが明らかにされています。
　人は自分に近い外見や特徴をもった人と一緒にいるほうが摩擦もなく居心地
がよいと感じます。同質的な集団では意思疎通や協働作業も円滑になり，コン
センサスを得ることも容易になります。他方で，多様性には違和感を覚え，と

きに煩わしさを感じることもあるかもしれません。しかし，そのような違和感や煩わしさこそが健全な意思決定をする助けとなるのです。

4　ダイバーシティ・マネジメントの課題

　ダイバーシティ・マネジメントを推進する際，組織はいくつかの課題に直面します。ここでは，組織・職場風土の醸成と，コンフリクトの抑制の2つの課題について考えていきます。

　まず，ダイバーシティ・マネジメントは，人員の多様性を活かして組織の成長・発展を図るための仕組みですから，組織において1人ひとりがユニークな存在として尊重され，それぞれに独自性・自律性を発揮してもらうことを良しとする風土が前提になります[4]。こうした風土を醸成するためには，本人の意向を踏まえて配置を決定する社内公募制などでの自律的なキャリア形成・開発の支援，自己啓発の支援などによる自発的な学びの支援，リモートワークの整備などによる働き方の多様化といった人的資源管理の仕組みが必要になります。

　また，ダイバーシティ・マネジメントの推進では，メンバー間のコンフリクト（対立や意見の食い違い）が起こりやすくなるという課題が生じる恐れがあります。人は自分と似た人物に対して愛着や好感を抱きやすい傾向にあるといわれています。たとえば，同じ趣味を持つ人や同郷の人に親近感を覚えるといったことです。他方で，自分とは異なる属性の人や，自分がアイデンティティを感じる集団の外部に対しては批判的になりやすいという性質をもつ傾向にあります。これらの「似たもの同士」や「身内」を尊重する人の心理によって，異なる属性の人同士が有機的に関わり合いをもつことを難しくしてしまうのです。したがってダイバーシティ・マネジメントでは，いかにメンバー間のコンフリクトを抑制しつつ，多様性の潜在的な利点を実現するための組織運営ができるのかが課題となります。

　仕事をすすめる際に生じるコンフリクトには，大きくタスク・コンフリクトと，パーソナル・コンフリクトの2つのタイプがあります。タスク・コンフリクトは，仕事上の意見やアイディアの衝突のことであるのに対して，パーソナル・コンフリクトは，仕事とは直接的な関係のない対人関係上のいがみ合いや揉め事を意味しています。以下の図は，タスク・コンフリクトとパーソナル・コンフリクトが仕事のパフォーマンスに及ぼす影響を描いたものです（**図表11-2**）。

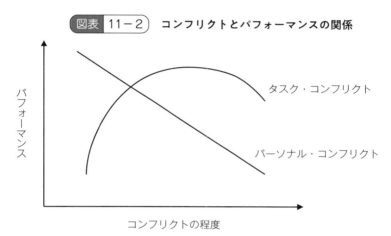

図表 11-2　コンフリクトとパフォーマンスの関係

出所：Hitt et al.（2015）を基に筆者作成。

　タスク・コンフリクトは，一定程度まではパフォーマンスに対して好ましい影響を与えると考えられます。仕事の内容について様々な意見やアイディアが衝突し合うことによって多面的な視点や情報がもたらされ，それらを統合した新たな解決策が見出される可能性が高まるためです。一方のパーソナル・コンフリクトでは非生産的な個人攻撃や感情的な対立により人間関係が崩壊したり，メンバーのストレスを高めてしまったりする恐れがあるため，仕事のパフォーマンスを低下させてしまいます。

　したがって，ダイバーシティ・マネジメントでは，パーソナル・コンフリク

トの発生をなるべく抑制してお互いを信頼しあう関係を築いていくことが必要
になります。そのための特効薬はありませんが，1つはメンバーの関心を人間
関係ではなく共通のタスクに集中するような環境を設けることです。たとえば，
チームとしての目標や取り組むべき課題がはっきりしていれば同じチームの一
員としてのアイデンティティを育みやすくなります。メンバー間で共通のアイ
デンティティをもつことで心理的な結びつきも生まれ，コンフリクトの発生も
緩和される傾向にあります[5]。

　ダイバーシティ・マネジメントでは，人々の多様性を踏まえつつ組織として
の一体感を高めるという難しい課題に直面します。いくら組織において多様性
が重要であったとしても，そこで働く人々が団結して仕事ができる環境でなけ
れば，一定の方向に向かった経営の活動は難しくなります。

（注）

1　Syed（2019）.
2　Taylor and Greve（2006）.
3　Sommers（2006），Levine et al.（2014）.
4　Nishii（2013）.
5　Hinds and Mortensen（2005），Lau and Cobb（2010）.

第12章 リモートワーク

　情報通信技術（ICT）の進展にともなって，リモートワークは徐々に新しい働き方の1つとして広がっています。リモートワークによって時間や場所の制約を受けずに柔軟に仕事をすることが可能になります。しかし，リモートワークの円滑な推進では，通常のオフィスワークとは異なる仕事上の課題や人的資源管理の困難に対応しなければなりません。この章では，リモートワークとそれに関連した人的資源管理の取り組みについて学習します。

1　リモートワークとは

　リモートワークはRemote（遠隔）とWork（働く）を組み合わせた造語のことで，自宅などオフィスから離れた遠隔地で仕事をする働き方を指します。広くテレワークやスマートワークと呼ばれることもあります。リモートワークが浸透した背景には，情報通信技術（ICT）の発達があります。インターネットをはじめとする技術が広く普及し，パソコンとソフトウェア，ネットワーク回線さえあれば，どこででもブロードバンドの環境が使えるようになりました。リモートワークという働き方は，こうしたテクノロジーの進展の中で可能となった働き方の1つです。

　リモートワークという働き方自体の可能性は，ずっと以前から指摘されてきたことです。たとえば，1969年の米国ワシントン・ポスト紙では，「"You'll Never Have to Go to Work Again"（オフィスに出社する必要はなくなるだろう）」という見出しの記事が出ていたといいます[1]。その記事では，情報通信技術の発達によって近い将来に誰もが自宅で大半の仕事をするようになるだろうことが予測されています。リモートワークの可能性がこのようにずっと以前から予言されていたにもかかわらず今日まで十分な広がりを見せなかったとい

う事実は，その働き方には固有の困難や課題があることを示唆しています。以下では，リモートワークの目的を踏まえたうえで，リモートワークの推進において生じる仕事上の課題や人的資源管理の困難について考えていきます。

2   リモートワークの目的

　組織がリモートワークを推進する目的にはさまざまなものがあります。1つは非常時への対応です。感染症の拡大や震災といった非常事態の際には，通勤困難者が多く発生します。リモートワークができる環境が整備されていれば，このような災害時にも素早く事業を再開あるいは継続することが可能になります。

　また，リモートワークはコスト削減にもつながる可能性があります。主なものとしては，オフィスコストの削減や通勤定期代など交通費の削減などです。たとえば各地に営業網を敷いている場合に，拠点オフィスを廃止し，従業員は自宅をベースとして，受け持ちの範囲の営業活動を行うことでオフィスコストを削減できます。

　さらにリモートワークは多様な人員の確保・定着にもつながります。リモートワークで仕事ができる環境が整備されれば，時間や場所の制約にとらわれずに柔軟に仕事をする可能性が高まります。たとえば出産や育児，介護などとの両立を図りたい人，障害者，高齢者といった人たちは，働く意思があっても働く時間や場所の面で制約があります。リモートワークは，こうした人たちに対して働きやすい環境を提供します。

3   リモートワークの課題

　リモートワークでは，オフィスワークとは異なる仕事上の課題や人的資源管理の困難が生じます。

　まず1つめは，リモートワークには職種や仕事の内容によって向き不向きが

あるということです。リモートワークはICTを活用することによって成り立つ働き方ですから、仕事でこれを活用する機会が多い職種や仕事には適した働き方であるといえます。他方で、現場でしかできない作業を担う仕事や、対人的なサービスを中心とする仕事の場合にはリモートワークは適さないといえます。したがって、本来はリモートワークに向かない職種や仕事にそれが導入されると、経営上の様々なひずみを引き起こす可能性があります。

　2つめは、コミュニケーションに関わる問題です。業務を円滑に進めていくために良好なコミュニケーションは必須のものですが、リモートワークでは対面でのやり取りに比べて伝達される情報の量と質が乏しい傾向にあります。**図表12-1**は、様々なコミュニケーション・ツールにおける情報の量・質を比較したものです[2]。右上のツールほど、相手の雰囲気、意図、感情などの非言語的な情報が手に入りやすくなり、コミュニケーションが円滑になります。オン

図表 12-1　コミュニケーション・ツールと情報の質・量

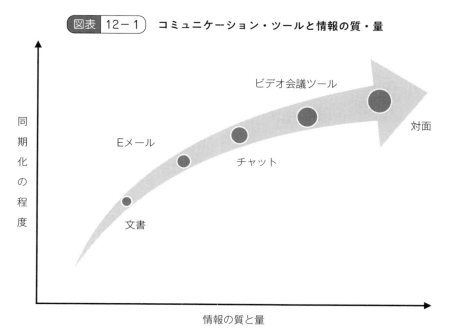

出所：Baltes et al.（2002）を基に筆者作成。

ラインのビデオ会議ツールやＥメール，チャット を多く用いることになるリ
モートワークでは，対面ほどにはコミュニケーション が円滑ではなくなる可能
性があるのです。

　リモートワークではオフィスワーク時と比べてコミュニケーションの範囲も
狭まる傾向にあります。大手IT企業の従業員を対象とした調査によれば，コ
ロナ禍でのリモートワークの導入後にグループ内でのコミュニケーションや協
業は増加傾向にあった一方で，グループを横断したコミュニケーションや協業
は約25％ほど減少したことが報告されています[3]。オフィスワークであれば他
部署や分野の異なるプロジェクトのメンバーたちとの交流や情報交換は当たり
前のように行われますが，リモートワークではこうしたグループ間の相互交流
は難しくなり，組織が分断してしまう可能性が生じてしまうのです。

　リモートワークにおける 3 つめの課題は，対面の時と比べて仕事ぶりの評価
が困難になることです。オフィスワークの場合は，評価者は評価の相手が働い
ている姿を目で観察することができるので，勤務態度や実際の行動なども評価
することが容易です。しかし，リモートワークでは仕事ぶりを直接的に把握す
ることが難しく，コミュニケーションの量も質も低下する傾向にあるため，具
体的なアウトプットとしての成果以外を対象とした評価は難しくなります。さ
らに，リモートワークでは評価において近接性バイアスが働きやすくなります。
これは，物理的な距離が近い人が遠くにいる人よりも相手に好意的に評価され
ることです。リモートワーカーは，オフィスで多くの時間をともに過ごしてい
る人らと比べて，上司に意見を求められたり仕事を与えられたりする機会が少
なくなりがちです。その結果，リモートワーカーはオフィスワーカーに比べて
組織での昇進によるキャリアアップの機会も減少してしまうことがあります[4]。
リモートワーク下での物理的な距離から生じるこうした不本意な評価は，働く
人の自尊心の低下や組織に対するアイデンティティの喪失を招いてしまいま
す[5]。

　リモートワークでは，仕事の質や生産性の低下も課題になります（Column
12[6]）。OJTによる直接的な指導機会が減る，仕事のオンとオフの切り替えが難

Column 12　オンライン・チェスの成績

　オン・オフの区切りやメリハリをつけにくくなりがちなリモートワークでは，オフィスワークと同じような水準の生産性や仕事の質を確保することは容易ではありません。とくに複雑な作業や思考を必要とする認知的な負荷の大きい仕事において，生産性や質の低下がより顕著になる可能性があります。

　対面時とオンライン時のチェス・プレイの質を検証した調査は，オンラインでは対面時よりもプレイの質が著しく低下する傾向にあることを明らかにしています。世界トッププレイヤーでもオンラインの場合には大きなミスが増えて，プレイの質はランク20位のプレイヤーと同程度にまで低下したことが報告されています。

　チェスと同じような認知的に負荷の大きい仕事では，持続的な集中力を要します。こうしたタイプの仕事でリモートワークを推進するうえでは，仕事の質の低下を招く可能性を理解しておくことが必要です。

　しい，集中力が持続しない，コミュニケーションでタイムラグが生じる，会議時間が長引くなど理由は様々です。IT企業に勤務する技術者を対象にした調査では，コロナ禍のリモートワーク時に，業務上の調整や会議に費やす時間が増えたことなどで総労働時間はそれまでよりも30％ほど増加し，生産性も最大で20％も低下したことを報告しています[7]。さらに，こうした労働時間の増加と生産性の低下は，家庭で子供を持つ従業員ほど顕著でした。

　リモートワークでは，様々な健康問題を引き起こすことも懸念されます。たとえば，人との触れ合いが減るリモートワークでは，孤独感や疎外感を抱きやすく，それが様々な心身の健康問題を引き起こす可能性があります[8]。また，仕事のオン・オフを切り替えられない場合には，仕事と家庭の葛藤が生まれ，それが心身の健康を害することもあります。また，リモートワークでは，「ビデオ会議疲労」として知られる心労が起こりやすくなります。リモートワークでは，様々なビデオ会議ツールを利用した画面越しでのミーティングが行われます（Pick up study 12[9]）。しかし，これは過剰な自意識や，相手の感情が読め

ない不安から起こる精神的な疲労を引き起こしかねないことが指摘されています[10]。調査では外向的な人よりも内向的な人が，中高年齢層よりも若年齢層が，男性よりも女性がビデオ会議疲労を引き起こしやすい傾向にあることが明らかになっています。

Pick up study 12　雑談の効能

　オフィスワークでは，当たり前のように雑談が交わされます。廊下ですれ違いざまに天気の話をしたり，休憩室で前日のスポーツの話題で盛り上がったりというのはオフィスでは当たり前の光景です。オフィスで自然発生的に生じる雑談は一見すると無駄な行為に感じられるかもしれませんが，実は経営にとっても働く人々にとっても隠れた効能があることが知られています。

　調査によれば，雑談のような日常的なやりとりの多い職場ほど，そこで働いている人たちの情緒の安定や幸福度，同僚に対する協力が増加する傾向にあります。人は雑談をすることで他者とのつながりを感じ，気分転換もできます。また，職場の信頼関係は何気ない雑談を通じて維持・形成されています。

　オフィスでの雑談が自然発生的であるのに対して，ビデオ会議ツールなどを利用した会話はどうしても意図的・形式的なものになりがちです。そのため，リモートワークでは雑談による社会的・感情的な見えない効能が失われてしまう危険性があるのです。

4　ハイブリットワーク

　ここまで見てきたように，リモートワークは組織にもそこで働く個人にも様々な肯定的な影響をもたらす一方で，いくつかの課題も想定されます。そこで3つめの選択肢として浮上するのがハイブリットワークという働き方です。ハイブリットワークは文字通りリモートワークとオフィスワークを組み合わせた働き方です。実際の取り組みには，たとえば週に3日はオフィスに出社して

残りの2日は自宅からリモートで働くという形態や，出社日を明確に設けず必要に応じて各職場や従業員が出社を決めるような場合もあります。どのようなハイブリットワークになるかは業務の内容や仕事で必要となるコミュニケーションの頻度，個人が抱える事情などによります。

　ハイブリットワークによってリモートワークかオフィスワークかを状況によって柔軟に選択できるようになれば，同じ職場でも人によって働き方が異なるという状況が生まれます。これにより育成や評価，報酬といった人的資源管理の仕組みも個別化が進行していきます。同時に，仕事の分担やスケジュールによる高度な調整の体制や職場の人間関係を劣化させないような仕組みも重要になります。

（注）

1　Cappelli（2021）.
2　Baltes et al.（2002）.
3　Yang et al.（2022）.
4　Cappelli（2021）.
5　Bartel et al.（2012）.
6　Künn et al.（2020）.
7　Gibbs et al.（2023）.
8　Holt-Lunstad et al.（2010）.
9　Methot et al.（2021）.
10　Fauville et al.（2021）.

第13章 モラル

　今日の経営においてモラルの重要性は，ますます高まっています。モラルに反した経営は，消費者や地域の市民に直接的な危害を及ぼすだけではなく，組織の社会的な信頼を損ない，その存続自体を危うくします。不正をはじめとする不適切行為の発生は，経営のモラルを毀損する重大な事態です。こうした行為は，悪意をもった特別な人が行うものなのでしょうか。それとも組織に属している人であれば誰でも行ってしまう可能性があるものなのでしょうか。この章では，経営のモラルについて人的資源管理の仕組みを踏まえながら考えていきます。

1　モラルとは

　モラルは一般に道徳や倫理を意味する用語で，物事の善悪についての判断基準となるものです。物事の善悪は，社会の決まり事や規範，通念などによって決まる相対的なものです。社会の決まり事の1つに法律があります。経営の場合，法律に違反するというのは明らかにモラルに反した行為です。法律の範囲内でも，たとえば世間や取引先，従業員に迷惑や危害を及ぼすことも，社会の規範や通念から逸脱したモラルに反する経営になります。

　本章では，不正などのモラルに反する不適切行為の問題について考えていきます。不適切行為には，たとえば会計操作，贈収賄，不正販売，情報漏えい，検査不正，窃盗・横領などの様々なタイプがあります。不適切行為は，経営にネガティブな影響を及ぼします。たとえば大規模な不正が発覚すれば，重い罰金，日常業務の混乱，従業員の意欲の低下，離職者の増大，人材採用への支障，社会からの批判による評判の低下などの問題が起きてしまいます。さらに，不適切行為はときに消費者や市民に直接的な危害を及ぼします。たとえば米国で経営のモラルが注目されたきっかけとなったものの1つに大手自動車メーカー

の欠陥問題があります。これは当時，ベストセラーであった小型車が各地で死傷事故を起こした事件です。この商品は，当時，拡大していた小型車市場において他社との競争を有利にするために開発期間を大幅に短縮して売り出されたものでした。その結果，本来はリコールすべき車を欠陥車として売出し，多くの死傷事故を引き起こしたのです。

　以下では，不適切行為のメカニズム，不適切行為が発生する状況，モラルと人的資源管理との関わりについて考えていきます。

2　不適切行為のメカニズム

　組織において不正などの不適切行為が起こるメカニズムを理解するためには，行為の背後にある「理性と感情」という心と脳の働きを知ることが不可欠です。理性は，合理的判断や論理的思考，自制心などの特徴があります。一方の感情は，非合理，非論理的，直感的などの特徴があります。私たちの日々の決定や決断は，この理性と感情が司っています[1]。

　通常，人は理性的であることを志向します。家庭や学校で合理性や論理，自制的に生活することの大切さを教えられるからです。一方で，人は感情の動物であるといわれます。そのため，日常の生活で理性と感情の対立を経験することもしばしばです。たとえばほとんどの人は試験でカンニング行為をしないのは，それが非合理的で不適切なことだからだという理性的な判断が働くからです。しかし，良い点数を取らなければ親や先生，上司に叱られる，単位を落として卒業できなくなる，という状況になれば恐怖の感情にこころが支配されてカンニング行為に手を染めてしまう可能性も高くなります。

　モラルに関わる判断や行為の背後にも理性と感情の2つの働きがあります。トロッコ問題として有名な実験は，このことを証明しています（Column 13[2]）。組織における不適切行為の多くは，熟慮や自制をもたらす理性の働きによって防ぐことが可能になります。しかし，現実の組織では理性をもった人でも様々な感情の働きによって不適切な行為を選択する状況が発生します。以下では，

このことを踏まえて組織において不適切行為が発生する状況について考えていきます。

Column 13　トロッコ問題

　モラルに関わる判断の背後に理性と感情の2つの働きがあることを証明しているのがトロッコ実験です。

　この実験では2つの状況が想定されます。下の左図は，制御不能になったトロッコが近づいており，このままだと5人の作業員が犠牲になるという状況です。トロッコの進路を切り替えれば5人は助かりますが，切り替わる進路の先にも1人の作業員がいて，その作業員は犠牲になります。右図も，制御不能になったトロッコが近づいており，このままだと5人の作業員が犠牲になるという状況です。線路の上の歩道橋にいる人物を突き落とせば5人は助かりますが，その突き落とされた人物は犠牲になります。

　この2つの状況は，ともに5名を救うために1名の犠牲にするか，1名を救うために5名を犠牲にするかの選択を迫るものです。この時，多くの人は左の状況では5名を救うために1名を犠牲にするという選択をするのに対して，右の状況では1名を救うために5名を犠牲にするという選択をとることが知られています。右の状況では，歩道橋の上から自らの手で人を突き落とすという行為に拒否感や嫌悪感を覚え，感情が揺さぶられるためです。脳科学の研究でも，右の状況では感情を司る脳の部位の活動が認められています。この実験の一連の研究は，理性的な存在としての人間観がいつも正しいわけではないことを物語っています。

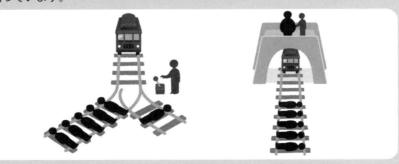

3　不適切行為が発生する状況

　組織において不適切行為が発生しやすい状況の1つは，評価や報酬の仕組み
が達成困難な成果やノルマ目標に基づいていることです。成果に基づく評価や
報酬によって，人々は仕事で高い成果をあげようと動機づけられます。他方で，
達成が難しい成果やノルマ目標に基づいて評価・報酬が決められる職場では，
不正も発生しやすくなる傾向があります[3]。高い成果目標は人にプレッシャー
を与えます。とくに成果の未達が降格や懲罰に結びつくかもしれないと予見さ
れるときに，そのプレッシャーは脅威や恐怖などのネガティブな感情を人にも
たらします。その結果，自己保全のために業績の改ざんや顧客への不正販売と
いった不適切行為を助長してしまうのです[4]。

　組織が競争的であることも不適切行為を発生させやすい状況を生み出します。
他社とのシェア争いが起きていたり，職場のメンバー同士が成果の獲得におい
て競い合っていたりといった状況では，業績の改ざんや業務妨害などの不適切
行為を助長する可能性が高くなります。とくに競争においてライバル意識が高
まるほど，その可能性は高まります。ライバルとの競争に屈してしまうことに
よる自己評価の低下に，人は強い脅威の感情を抱くためです（Pick up study
13[5]）。

　また，人の尊厳に配慮されていない状況でも，不適切行為は発生しやすくな
ります。人の尊厳を傷つける行為の1つはハラスメントです。たとえば上司や
先輩が高圧的な態度で接すれば，その部下たちは脅威や恐怖の感覚を覚えます。
また，顧客や取引先からの不当な要求や悪質なクレームなどの迷惑行為も，不
適切行為を誘発する契機になります[6]。顧客に侮辱されたり罵られたりすると，
ストレスだけでなく敵意の感情も高まります。その結果，顧客を必要以上に待
たせたり，虚偽の情報を与えたりといった不適切行為を誘発してしまうのです。

　このように，現実の組織では理性をもった人でも様々な感情の動きによって
不適切な行為を選択してしまう状況が発生します。さらに組織においては不適

切行為の正当化の力学が働きます。理性的な人ほど不正な行為は慎むべきであるという認知と，現実の自分の行動が矛盾していることに不快感を覚えます。こうした矛盾を低減・解消するために，「周りもやっている」「会社や株主のためだ」といった形で認知を変更して不適切行為を正当化してしまうのです。このような行為の正当化は，認知的不協和として知られています。認知的不協和の理論によれば，人は認知と行動が一致していなければ不快（認知的不協和）を感じて，なるべく一致するよう動機づけられます[7]。

　不適切行為の正当化の力学は組織全体でも働きます。不正を認めれば，社会的な制裁と膨大な費用の負担もかかってくるかもしれません。その結果，「製品の性能に特段の影響がない限り問題ない」「重大なクレームはなかったのだから」といったような形で組織的に正当化が行われることもあります。

Pick up study 13   競争とモラル

　スポーツやビジネス，恋愛などでは常に競い合いが生じます。とくにライバルと呼べるような相手がいる場合に競争は激化します。ライバルの存在は，自分の気持ちを高め，高い意欲やパフォーマンスの向上につながります。「あの人には負けたくない」「あの人はいつも頑張っているから自分も頑張ろう」という思いが湧き，自分を奮い立たせることができます。

　一方で，ライバル意識は嘘や不正，妨害といった不適切な行為を助長する傾向にあることも明らかにされています。セリエA（イタリアのサッカーリーグ）を対象とした調査によれば，ライバル関係にある同一都市を本拠地とするチーム同士の試合では，通常の試合よりも2倍ほどイエローカードやレッドカードの対象となる反則行為が多くなるようです。

　他人や他社との競争は，意欲や業績の向上をもたらす一方で，その関係があまりにも行き過ぎると，不正などの非倫理的な行動を誘発する可能性のある諸刃の剣です。

4　不適切行為を防ぐ取り組み

　このように，組織には不適切行為が発生してしまう様々な状況が存在します。そこで，次にこうした問題を防ぐための具体的な取り組みについて考えていきます。

　組織の不適切行為を防ぐ取り組みのアプローチには，大きくコンプライアンス型と価値共有型の2つのタイプがあります（**図表13－1**）[8]。コンプライアンスとは規則や要求・命令などに従うことを意味します。コンプライアンス型は，規則の制定，監視の強化，懲罰，法令遵守のための研修などの手段によって組織での不適切行為を未然に防ぐ取り組みになります。コンプライアンス型は実際に多くの組織で取り組まれています。たとえば社内で倫理規程を設けて，消費者との関係や取引，帳簿や様々な文書を記録する際の具体的な禁止事項を明記するといった取り組みです。

　一方の価値共有型は，人に倫理的な価値を共有・理解してもらうことで責任ある行動を促す取り組みです。具体的には，表明された倫理的な価値観を，日々の計画や資源配分，働きぶりの評価などに反映することで共有を図っていくような活動です。実証研究によれば，価値共有型のアプローチは，コンプライアンス型よりも，不適切行為の抑制に効果があることが確認されています[9]。

図表　13－1）　不適切行為を防ぐためのアプローチ

コンプライアンス型	価値共有型
規則，監視，懲罰，教育	倫理的な価値観の共有

出所：Pain（1994）を基に筆者作成。

　これら2つのアプローチは，人の理性に重きを置いた取り組みといえます。コンプライアンス型は規則や監視，懲罰などによって人の自制心に働きかける取り組みですし，価値共有型は人の高いモラル意識の醸成を目指したものです。

　この他にも，先に挙げた不適切行為が発生する状況に対処するための取り組みもあります。たとえば，かつてノルマ型の報酬体系で不祥事を起こした組織では，業務上の目標を1人ひとりのキャリアに合わせて自ら設定してもらう仕組みに変えたり，契約件数だけでなく取引の継続数など複数の基準で評価をする仕組みに変えたりといった取り組みが行われています。

　また，アンガーマネジメントやレジリエンス[10]の強化といった取り組みもその一環です。アンガーマネジメントは，自分のアンガー（怒り）を中心とする感情的な反応を理解してそれに向き合うことを目的とした取り組みです。レジリエンスはストレスや苦難に直面した時に柔軟に対処する特性です。現実の経営においては，先に挙げた不適切行為の発生しやすい状況が不可避的に発生します。アンガーマネジメントやレジリエンスの強化は，こうした状況下でなるべくネガティブな感情や苦難に対処していくための取り組みになります。

　不適切行為に対処するためのもう1つの取り組みが職場における心理的安全性の確保です。心理的安全性は意見や失敗，過ちを恐れずに表明することの大切さが職場全体で共有されている状態です。心理的安全性の高い職場ほど個々人の学習や創造的な活動は生まれやすくなります[11]。それだけでなく，心理的安全性は不適切行為の自浄作用としても機能すると考えられます。この章でみてきたように，現実の組織では人の一時の感情の働きによって不適切行為が発生することがありえます。この時に職場で心理的安全性が確保され，その問題について表明できたり正直に話し合ったりする機会があれば，将来の不適切行為を防止することにもつながります。

（注）
1　行動経済学の「ファスト思考（システム1）とスロー思考（システム2）」，認知心理学の「二重過程理論」を参照しています。
2　阿部修士（2017）を参照しています。
3　Schweitzer et al.（2004）.
4　Mitchell et al.（2018）.
5　Kilduff et al.（2016）.

6　Huang et al.（2019）.
7　認知的不協和についてはTavris and Aronson（2007）が詳しいです。
8　Paine（1994）.
9　Treviño et al.（1999）.
10　Mitchell et al.（2019）.
11　Edmondson（2018）.

第14章　クリエイティビティ

経営においてクリエイティビティの発揮はとても重要です。新しい製品やサービスを生み出すうえで必要であるのはもちろんのこと，消費者やクライアントが抱える課題を解決したり，日々の業務を創意工夫して効率的にすすめるために改善したりしていくうえでもクリエイティビティが求められます。この章では，クリエイティビティを育むための人的資源管理について学習します。

1　クリエイティビティとは

クリエイティビティは創造性を意味する外来語で，簡単にいえば，新規かつ有用なアイディアを生み出すことです[1]。新規というのはこれまでにないユニークな性質をもっていること，有用というのは顧客やクライアント，社会にとって何らかの価値や便益をもたらす性質をもっていることです。この定義のポイントは，アイディアの性質が新規であることと有用であることの2つがセットになっているところです。新規かつ有用なアイディアが結実した製品の例としてコロナワクチンがあります。これは「メッセンジャーRNA（mRNA）」というこれまでの創薬では十分に利用されていなかった技術を用いたという意味で新規のものです。さらにコロナワクチンのおかげでパンデミックが収束したという意味で有用性の高いものでした。

新規かつ有用なアイディアの対象は経営のアウトプットである製品やサービスだけではなく，仕事のやり方や組織の仕組みなども含まれます。たとえばある会社で，それまではベテランの作業員が経験に基づいて目視で原材料の残量を確認することが慣例化していたとします。これを自動化することで管理業務の作業時間を大幅に削減できるようなアイディアを出して仕事のやり方が改善されるといったことはクリエイティブな取り組みであるといえます。このよう

にクリエイティビティは，どんな仕事でもどんな立場の人でも発揮しうるものであるといえます。

　クリエイティビティはとりわけ企業の経営において大きな関心が寄せられています。今日の企業経営の課題の１つにイノベーションの実現があります。新規で有用なアイディアをもたらすクリエイティビティのマネジメントは，製品・サービスを市場に投入して利益をあげるイノベーションのための第一歩と位置づけることができます。そのイノベーションの源泉となるアイディアを生み出すクリエイティビティをいかに育むかが重要となります。

2　クリエイティビティのモデル

　個々人のクリエイティビティはどのような条件でより発揮されるのでしょうか。この分野の古典である３要素モデルによれば，クリエイティビティの発揮には熟練，創造的思考，内発的動機の３つが必要になります（**図表14－1**）[2]。

図表　14－1　　**クリエイティビティの３要素モデル**

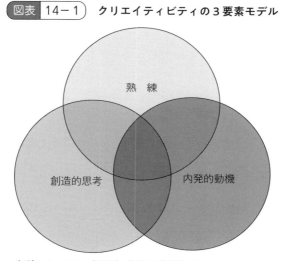

出所：Amabile（1998）を基に筆者作成。

　クリエイティビティに必要な熟練は，従事する仕事の分野に関連する専門的なスキルや知識です。作曲家は音楽の知識なくして独創的な交響曲を作れませんし，建築家は物理や工学その他の知識なくして優れたビルを設計することはできません。これと同じように，仕事において新規で有用なアイディアはその分野に精通することで生まれるものです。その分野に精通することで，はじめて何が有用なアイディアかを判断するための審美眼を持つことが可能になります。また，隠れたニーズや潜在的な課題を掘り起こした新規なアイディアも生まれやすくなります。仕事でクリエイティビティを発揮するためには，顧客やクライアントについての深い知識，仕事で用いる技術などについての十分なスキルといった熟練が不可欠です。

　クリエイティビティの発揮に必要なもう1つの条件は創造的思考です。これは柔軟で想像力豊かに物事を発想するための思考様式です。創造的思考の1つに拡散的思考があります。これは，複数の視点や考え方を駆使し，これまでとは異なる選択肢をより多く見出すことができるようになるための能力です（Pick up study 14[3]）。

　もう1つの要件が内発的動機です。人の行動の動機には，大きく外部からの評価や報酬によって動機づけられる外発的動機と，仕事に対する興味や関心など個人の内面から生じる内発的動機の2つのタイプがあります。クリエイティビティの発揮により大きな影響を与えるのが内発的動機です。たとえばある科学者が血液凝固剤の研究に取り組む際に，病気への強い関心や挑戦の気持ち，誰も解決できなかった問題を解き明かしたいという意欲を持っている場合には強い内発的動機をもっているといえます。内発的動機を強くもつことで人はクリエイティビティを発揮する傾向にあるのです。

Pick up study 14　異文化経験とクリエイティビティ

　旅行や留学を通じて異文化に触れることには様々な意義があります。違う国に行って様々な人たちと交流することで，これまで知らなかったような文化や価値観に触れることができますし，新しい人間関係も育まれます。多様な価値観に触れることで自己を見直す契機にもなります。さらに，こうした異文化経験はその人のクリエイティビティにも影響します。

　ファッション業界で働くディレクターを対象とした調査によれば，外国に住んで働いた経験のある人ほど，斬新で有用なブランドを開発する傾向にあります。学生と社会人を対象とした調査でも，留学や駐在などによる海外経験が長く，かつ現地で適応する努力をした人ほどクリエイティビティに必要な複雑な思考力を身につけている傾向にあることが明らかになっています。多様な文化や価値観に接することで柔軟性が身につき，広い視野で物事を考えることができるようになるのです。

　外国での生活はときに他人と意思疎通ができないもどかしさや，不慣れな環境への戸惑いを感じさせます。しかし，こうした困難な経験こそがクリエイティビティの高い人を育むことになるのです。

3　クリエイティビティを育む環境

　クリエイティビティの古典である３要素モデルによれば，個々人がクリエイティビティを発揮するためには熟練，創造的思考，内発的動機の３つの要素が必要となります。これらは，働く人がどんな環境で仕事をするかによって大きく左右されます[4]。以下では，このモデルを踏まえてクリエイティビティを育む職場の環境とそれに関係する人的資源管理について考えていきます。

　クリエイティビティを育む環境の１つめの条件は，自律的に仕事ができるかどうかです。自律性の高い仕事は，内発的動機を高めて，クリエイティビティを発揮しやすくなる傾向にあります[5]。仕事を自律的に進めることができれば

その中で自由に試行錯誤をすることが可能となり，その結果を実装することができるためです[6]。反対に，他律的なものであればあるほど，高い水準のクリエイティビティは期待できなくなります。組織には様々な性質の仕事があります。配置により各人に割り当てられる仕事がクリエイティビティに結びつかないようなものであれば，期待するような成果は望めません。

　仕事の量的な水準もクリエイティビティの程度に影響を及ぼします。人はこなさないといけない仕事の量が増えて忙しくなるとより簡単な仕事を優先しがちになる傾向にあります。簡単な仕事ほど完了しやすく達成感を得られやすいためです。このような人の傾向を完了選好と呼びます[7]。その結果，複雑で創造的思考が要請されるクリエイティブな仕事が疎かになる傾向が生まれるのです。

　仕事で多様な人と接することができる環境もクリエイティビティを育むうえでは重要です。人が新しい知を生み出すためには多様な情報・知識にアクセスできることが肝要です。情報・知識の多くは周りの他者からもたらされます。ある人物がクリエイティブであるためには職場での対人的な関係が大いに作用しているのです。

　対人的な関係には，大きく「強い紐帯」と「弱い紐帯」の２つのタイプがあります（Column 14[8]）。とくにクリエイティビティの発揮には，後者の弱い紐帯の方がより強い関係にあります[9]。

　図表14－２は強い紐帯と弱い紐帯の特徴をまとめたものです。強い紐帯の例としては家族や親友などが該当します。このことから強い紐帯は安心感や気楽といった特徴があります。他方で強い紐帯の特徴として閉鎖的な傾向にあることが挙げられます。「類は友を呼ぶ」という言葉があるように，バックグラウンドの似た者同士ほど強い紐帯を持ちやすくなります。このような関係から得られる情報や知識に，真新しさはあまり期待できません。

　他方で，弱い紐帯は，それほど深い付き合いではないので，ぎこちなく面倒に思われがちです。しかし，弱い紐帯は，バックグラウンドの異なる者同士の関係において生まれやすいのです。そのため弱い紐帯を通じた会話は，異質な

図表 14−2　紐帯のタイプ

強い紐帯	弱い紐帯
安心，気楽，閉鎖的	ぎこちなさ，面倒，開放的

出所：筆者作成。

Column 14　就職活動と弱い紐帯

　就職活動は情報戦ともいわれます。志望業界や応募先の企業，選考や説明会の日程，面接ノウハウのことなど，就職活動で必要となる情報は多岐にわたります。こうした情報を効率的に収集できるかどうかは，就職活動の結果に大きな影響を与えます。

　就職活動で有益な情報を得るためには，就活サイトやSNSなどのメディアの活用以外に，周りの人とのつながりも重要になります。職探しをしている人たちを対象とした調査では，強い紐帯よりも弱い紐帯から有益な情報が得られやすいことを明らかにしています。具体的には，就職で決め手となった情報が頻繁に会う友人から得たという回答は17％で，たまにしか会わない知人から得たという回答が83％でした。強い紐帯でつながっている身近な人たちの情報は自分がもっている情報と重なっていることが多い一方で，まれにしか会わない知人からは自分も知らないような有益な情報が提供されることが多いためです。

　弱い紐帯は自分にはない種類の情報をもたらして，新しいコミュニティや機会への架け橋となってくれる可能性があるのです。

　情報や考え方にも触れる機会を増やし，凝り固まった思考をほぐして発散的思考を促します。これがクリエイティビティを発揮しやすい環境をもたらすのです。

　評価や報酬の仕組みも，クリエイティビティを大きく左右します。クリエイティビティを育むためには，チャレンジや失敗に寛容な環境づくりが重要となります。クリエイティビティはこれまでになかった新規のアイディアを生み出すことですから，多くの実験的なチャレンジやそれにともなう失敗を必要とします。もし仕事で失敗することがマイナスの評価につながってしまうのであれ

ば，誰も新しいことに挑戦しようとしなくなります。評価を通じて失敗を恐れ
ないようにする環境がクリエイティビティを育むのです。

　報酬の仕組みもそれに合わせて，短期的な成果を重視しないようなスキーム
が必要です。短期的な成果評価に基づく成果主義的な報酬は，短い期間で結果
を出さなければならないというプレッシャーを高めて，新規で不確実性の高い
活動に取り組む意欲を低下させてしまいます。

　熟練や創造的思考を身につけることができる環境も，クリエイティビティを
育みます。熟練は，従事する仕事の分野に関連する専門的なスキルや知識です。
そのため，長期のOJTによる育成や熟練を重視した評価の仕組みによって培わ
れます。創造的思考は複数の視点で物事を柔軟に発想することです。そのため
新しいことを学ぶ機会であったり，それを実際に経験できる機会が豊富にある
環境が必要になります。

4　クリエイティビティとモラル

　この節では，前章で議論したモラルとクリエイティビティの関係について考
えていきます。この本章でみたようにクリエイティビティは新規のアイディア
を生み出すことです。それには挑戦や実験的な取り組み，失敗は不可欠です。
他方で，モラルを意識した経営では，不適切行為を抑止するためのルールや規
範の遵守が必要になります。このことから，クリエイティビティとモラルには
一定のトレードオフの関係にあることが指摘されています[10]。

　研究では，一連の実験とフィールド調査を通じて，道徳心や責任感の高い人
ほどクリエイティビティの水準が低い傾向にあることを明らかにしています[11]。
道徳心や責任感の高い人は，自身の行動がルールや規範に違反していないかを
常に意識するために，クリエイティビティに必要な失敗をともなう挑戦的な活
動や業務に振り向ける労力が十分ではなくなるためです。

　他方で，クリエイティビティの奨励は，ときに不正などの非倫理的に行動を
誘発する場合もあります[12]。自律的な仕事や挑戦への寛容さによってルールや

規範が十分に機能しなくなるためです。

　人的資源管理においては，いかにしてクリエイティビティとモラルの両立を図るかがこれからの重要なテーマになります。

（注）

1　Shalley et al.（2004）.
2　Amabile（1998）.
3　Godart et al.（2015）
4　Shalley et al.（2004）.
5　Shalley（1991）.
6　Krause（2004）.
7　Kc et al.（2020）.
8　Granovetter（1983）.
9　Perry-Smith（2006）.
10　Kundro（2022）.
11　Liu et al.（2020）.
12　Keem et al.（2018）.

第15章 国際人的資源管理

　世界経済のグローバル化の進展に伴い，多くの企業は海外に販売や生産の拠点を設けて経営を行っています。国際人的資源管理は，このような国境をまたいだ経営における人の管理の仕組みです。国際人的資源管理では，国ごとで異なる環境に適応しつつ，グローバルなレベルで経営の活動を統合していかなければならないという高度な課題に直面します。本章では，国際人的資源管理の特徴や，この分野で活躍する海外派遣者の役割について考えていきます。

1　国際人的資源管理とは

　国際人的資源管理は，国境をまたいで経営を行っている多国籍企業における人の管理です。世界経済のグローバル化の進展に伴い，今日の経営はますます国際化しています。多国籍企業が国際的な経営を行っている目的には，市場の拡大や生産の合理化などがあります。

　市場の拡大とは，製品やサービスの販路を国外に広めていくことです。日本はすでに2005年頃から人口減少の時代に突入し，今後も減少傾向を続けると予想されます。一方，海外に目を向けると，人口は増加の一途を辿っています。ベトナム，カンボジア，アフリカ諸国などを含む新興国の経済成長は人口の増加とあいまって著しいものがあります。このことは，経営における成長機会の多くが海外の市場にあることを示しています。

　生産の合理化は，ものづくりを行っている企業が人件費の安い国で生産することでコスト削減をしたり，高度な研究開発に必要な頭脳を調達するために海外に研究所を設けたりすることで生産を合理的にすることです。

　国際人的資源管理は，こうした目的で国際化をしている多国籍企業における人の管理です。国際人的資源管理では，国ごとで異なる環境に適応しつつ，グ

ローバルなレベルで経営の活動を統合していかなければならないという高度な課題に直面します。

2　国際人的資源管理の特徴

　ここでは，国際人的資源管理の特徴を，国内のみで活動が完結する人的資源管理との違いを踏まえて考えてみます。**図表15－1**は，国際人的資源管理の全体像を示したものです。この図からわかるように，国際人的資源管理の仕組みそのものは，国内でのものと基本的に同じです。つまり，国際人的資源管理も国内の場合と同様に採用，配置，育成，評価，報酬，退職という一連のサイクルで成り立っています。

　一方，国際人的資源管理には管理の対象となる人のタイプが国際的により多様になり，活動する国の範囲も広がるという特徴があります。まず国際人的資源管理の対象となるのは，海外拠点の国籍をもつ人，本社がある国籍をもつ人，それ以外の国の出身である第三国籍の人になります。たとえばアメリカに本社がある多国籍企業の日本法人には大多数を占める現地採用の日本人従業員と，アメリカの本社から派遣されたアメリカ人従業員，さらにシンガポールなどの他の海外子会社から派遣された第三国籍の従業員から構成されています。

　人的資源管理の範囲も，海外子会社のある現地国，本社のある本国，そして人の供給源となるその他の国の3つに広がり，地理的に分散します。地理的な距離が増すことによって，遠く離れた海外にいる従業員の働きぶりが把握しにくくなるなど人の管理はいっそう難しくなります。

　このように国際人的資源管理と国内のみで活動が完結する人的資源管理との間には，機能的な違いこそないものの，対象となる従業員が国レベルで多様になり，活動する国の範囲が広がるという「複雑さ」の面で大きな違いがあるのです。

図表 15－1　国際人的資源管理の全体像

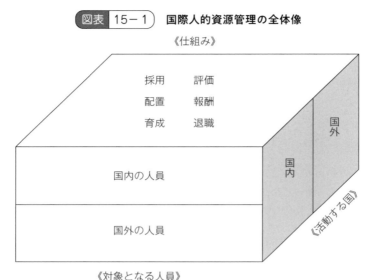

出所：Morgan（1986）を基に筆者作成。

3　国際人的資源管理の課題

　国際人的資源管理では，対象となる人がより多様になり，活動する国の範囲
も広がります。このことから，2つの課題に直面することになります。

　1つは人的資源管理を現地国（ローカル）のコンテキストに適応させる必要
に迫られることです。国境を越えて別の国に行けば，法律や文化なども違って
います（第2章参照）。

　たとえば人的資源管理に関係する法律の内容は，国によって全く異なります。
世界には労働法が厳しく，従業員の解雇が日本よりも難しい国もあります。ま
た，日本で一般的な退職の仕組みである定年制は，年齢による差別に該当する
として法律で禁止されている国もあります。こうした法律の違いを理解しなけ
れば，海外では経営ができません。

　また，そこで生活する人々の規範や価値観なども違っています。かつての日本企業では実力よりも勤続年数によって給料の差をつける年功賃金が多かったのですが，こうしたことは海外では望まれないことも多いです。

　国際人的資源管理では，事業を展開している各国のコンテキストの違いを踏まえて実践されることになります。現地国の文化や規範，法律に沿わない人的資源管理は，とりわけ現地の人々から受容されなくなる危険性があり，優秀な人を新しく採用したり，長くそこで働いてもらったりすることを困難にします（Column 15[1]）。

　国際人的資源管理は，現地の経営環境への適応だけでは不十分です。過度な適応は，組織としての求心力を失わせる恐れがあります。組織体としての多国

●Column 15　パリ・ディズニーの教訓●

　1992年に開園したパリ・ディズニーでは，現地の事情を踏まえた人的資源管理を実行できなかったために準備の段階から多くの困難に直面しました。

　パリ・ディズニーは，採用時に適切なドレスコード，カラー・ストッキングの禁止，制服に相応しい下着の着用義務といったものなどの厳格な身だしなみを応募者に要求していました。このことで世間から大きなバッシングが寄せられ，採用基準を緩めなければなりませんでした。

　さらに，相場に見合う給与や社宅等の福利厚生も十分といえるものではありませんでした。その結果，開業して3ヶ月ほどでスタッフの1割程度が退職していきました。長時間労働や過酷な労働などもスタッフを退職に追い込む原因でした。退職した1人の若者はこう述べています。「1週間の"洗脳研修"（笑顔やマナーの教育）の後に職場に配置されました。開園してすぐの最初の週は11時間も休みなしに仕事をしなければならなかったです」。さらに園内のホテルのウェイターを担当していたスタッフは，フランスの人たちが皆同じように振る舞い，同じように考えることを前提に管理しようとする上司に大きな不満を抱いていました。

　この事例は，人的資源管理を現地の状況に適応させなければ，そこで受容してもらうことが難しいことを示唆しています。

籍企業は，組織としての個性，アイデンティティを確立する必要があります。さらに多国籍企業の多くは，一国レベルでは達成し得ないグローバルな規模でのオペレーションの効率の追求やイノベーションの達成を追求しています。とりわけ今日のような知識・情報化の時代には，組織としての求心力を維持して各国からの知識やノウハウを結合することで，新たなイノベーションを創出することの重要性が増しています。同じ組織の同じ職種・職位の従業員でありながら働く国が違うからといってまったく異なる処遇が根拠もなく適用されると，働く人たちはそこで働く目標を見失ったり，納得が得られず意欲を低下させてしまうことも考えられます。

　したがって，組織としての求心力を維持するために世界規模（グローバル）の統合を進めることが国際人的資源管理のもう1つの課題になります。グローバルな統合を推進するための取り組みには様々なものがあります。たとえば，世界中の子会社間で価値観や経営ビジョンを共有することです。グローバルなレベルで共通の人的資源管理のルールを構築することも組織の求心力・統一性を維持するために必要になります。評価や報酬の面でグローバル・スタンダードを構築し，国籍にかかわらず公平に育成のプログラムを提供することで，組織内の人的交流が活発化し，組織としての統一性が高まります。

　多国籍企業は，各国で受容されるためにローカルに適応した人的資源管理を行いつつ，グローバルな統合を推進するという一見すると相反する課題に直面します。国際人的資源管理は，このどちらに重きを置くかによって大きく2つにタイプ分けすることができます（**図表15 − 2**）。多国籍企業がどちらを選択するかは，組織の戦略や進出する国の事情に応じて様々です。

　　　　図表 15− 2 　国際人的資源管理のタイプ

ローカル適応	グローバル統合
ローカルへの適応を重視	グローバルな統合を重視
各国での受容の高さ	組織としてのまとまり

出所：筆者作成。

4　国際人的資源管理と文化

　国際人的資源管理の取り組みに大きな影響を及ぼす要因の1つに国の文化があります。それぞれの国々には固有の文化があります。それを無視した人的資源管理の取り組みは，大きな代償を払うことになりかねません。

　国レベルの文化の違いを考えるための枠組みには，ホフステッド指標（**図表15－3**)[2]，コミュニケーション・スタイル，ルーズ - タイト文化といったものがあります（Pick up study 15[3]）。

　個人主義の度合いは，その国の人々が個人の利害を重んじるか，集団の利害を重んじるかを表しています。権力格差は，その国の人々が権力に不平等があることを受け入れるかどうかの指標です。不確実性回避の度合いは，その国の人々が不確実性を避けがちであるかどうかという指標です。男性性は，その国の人が競争や自己主張を重んじるかどうかの指標です。こうした指標に表され

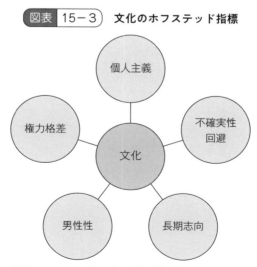

図表 15－3　文化のホフステッド指標

出所：Hofstede（1980）を基に筆者作成。

る文化の違いによって，その国で受容される人的資源管理も変わってきます。たとえば不確実性回避の度合いが高い地域では，幅広い能力蓄積の仕組みがより受容される傾向があります[4]。教育訓練を通じて様々な事態に対処する能力を高めることができ，不確実性を軽減することができるためです。個人主義的な文化においては，個々人の熟練度や実績に基づく評価の仕組みが好まれる傾向にあります[5]。

　国レベルの文化の違いを表すもう1つの指標はコミュニケーション・スタイルです。コミュニケーションにおいて文脈を重視する度合いは文化によって大きな違いがあります。文脈を重視したコミュニケーションを取られるのがハイ・コンテキスト文化，そうでないのがロー・コンテキスト文化と呼ばれます。ハイ・コンテキスト文化では言語的には明示的な表現がなされなくても，文脈が共有されていることによってコミュニケーションが成立します。日本には空気を読む，あうんの呼吸，以心伝心など，明示的に表現することを揶揄する言葉が多くあるとおり，ハイ・コンテキスト文化に位置づけられます。ロー・コンテキスト文化においては，コミュニケーションが明示的に行われ，すべてのことを言語的に伝えようとする傾向が強くなります。この文化では明示的に言葉を発しない場合，考えていないとか，うまく表現できないといった能力の低さを反映しているという評価につながってしまいます。また，ロー・コンテキスト文化においては，各人の仕事の目標や仕事の良し悪しを評価するための基準を言語化して明確にすることが好まれる傾向にあります。

> ### Pick up study 15　ルーズな文化とタイトな文化
>
> 　ホフステッド指標以外にも世界の多様な文化を捉える指標に「ルーズな文化‐タイトな文化」があります。これは社会のルールや規範が重視される程度をさす指標です。タイトな文化圏ではルールや規範が重んじられており，それに従わない場合には何らかの制裁がある傾向にあります。一方のルーズな文化圏ではその逆の傾向がみられます。
>
> 　社会がルーズかタイトかを示す指標の1つは街なかの時計です。30カ国あまりの首都の時計を調べた調査では，オーストリア，シンガポール，日本などのタイトな国では都市に置かれている時計のズレは30秒未満だったのに対して，ブラジルやギリシャといったルーズな国では，2分近いズレがあったことが報告されています。
>
> 　ルーズな文化は，創造性や自由の精神に富む傾向にあります。一方で，タイトな文化の地域では治安や生活の規律にすぐれている傾向にあります。両者はトレードオフの関係にあり，どちらかが一方的にすぐれているというのではありません。
>
> 　アメリカやニュージーランドは，ルールを守るということについて比較的ルーズな国として位置づけられています。一方，ドイツやシンガポールのような厳格に規則を守ることが重視される国々は，タイトな文化として位置づけられています。日本はどちらかと言えば「タイト」な文化圏に属するようです。

5　国際人的資源管理と海外派遣者

　多国籍企業の経営では国境を越えて仕事をする人たちがたくさんいます。このような国境を越えて働く人のことを海外派遣者と呼びます。海外派遣者の任務は，自分とは異なる文化の国で，自分とは異なる文化的背景をもった同僚と働かなければならないタフな仕事です。国際人的資源管理では，この海外派遣者が他国で様々な任務を円滑に遂行することができるようにサポートすることも重要な取り組みになります。

　海外派遣者の主な役割には，海外子会社の統制，本社との調整，本社と子会

図表 15-4   海外派遣者の主な役割

役割	海外子会社の統制
	本社との調整
	技術・経営ノウハウの移転
	後継者の育成

出所：筆者作成。

社および子会社同士の技術・経営ノウハウの移転，後継者の育成があります（**図表15-4**）。

　海外派遣者が担っている役割の1つは，海外子会社の統制です。海外子会社が本社の意向に沿った運営を行っているかどうかをしっかりとコントロールする役割です。具体的には，本社の経営理念や方針を現地の従業員に浸透させたり，本国でのオペレーションのやり方を指導したりする任務です。子会社のトップマネジメント層にこうした海外派遣者が多く含まれます。

　本社との調整も重要な役割です。海外派遣者は，本社の意向を現地従業員に納得する形で伝えるだけでなく，現地従業員の考えや事情を本社に伝えるという両者の間のインターフェースとしての役割も担います。多国籍企業では，活動する国が分散していくほど，本社と各子会社との間に多くの複雑な利害対立が生じます。そのため海外派遣者は，両者の間で板挟みに遭うこともしばしばです。利害対立を調整して，本社と子会社の間の良好なコミュニケーションを確保することも海外派遣者には求められます。

　もう1つは，技術・経営ノウハウの移転です。海外派遣者は，本国や各子会社で培われた技術や経営ノウハウを移転する役割も担います。生産現場での技術蓄積が競争優位となっているようなメーカーでは，熟練労働者を技術移転の担い手として海外に派遣するケースも多く見られます。

　後継者の育成も海外派遣者の重要な役割です。海外派遣者は，現地の人材を責任ある職位に就けるように育成して現地化を進めるという役割も担っています。海外の拠点が付加価値の高いオペレーションを達成するためには，現地化

を進めて現地における高度人材の育成と蓄積が不可欠であるためです。

　国際人的資源管理では，こうした様々な任務を背負っている海外派遣者が異文化での仕事や生活に適応してもらうためのサポートが必要です。もし適応に失敗すれば，現地の仕事での意欲やパフォーマンスの低下，さらには自国への帰任ということになってしまいます。調査によれば，異文化への適応に失敗して任期満了前に帰国する確率は16%-40%にも達しています[6]。多国籍企業にとって，人を海外に派遣することは大きなコストをともないます。ときに海外派遣は国内で働く場合にかかる人件費の数倍にものぼります。そのため，海外派遣者の不適応は，企業にとっても大きな損失となります。

　海外派遣者の適応は，経験的におおむね以下のようなプロセスを辿ることが知られています（**図表15－5**）。赴任してすぐの頃は，海外での新しい環境や生活に胸を踊らせるハネムーン期を迎えます。しかし，まもなく新たな環境下での違和感や孤独感に襲われるカルチャー・ショック期を経験します。この段階で，語学力の向上や異文化の学習をへて，仕事の自信がついてくると新しい環境に順応できるようになります。

図表 15－5　異文化適応のプロセス

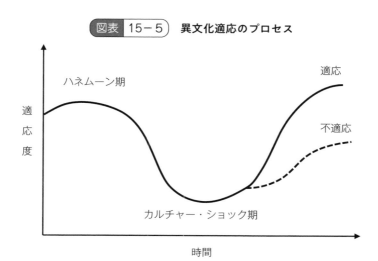

出所：Oberg（1960）を基に筆者作成。

　海外派遣では，それに帯同する家族の現地生活への適応も課題になります。家族も海外派遣者と同様に，はじめは学校や食生活などの生活面で適応に苦労します。こうした問題へのサポートや手当の支給も国際人的資源管理が対処すべき固有の課題になります。

（注）

1　Anthony et al.（1992）.
2　Hofstede（1980）.
3　Gelfand（2019）.
4　Peretz and Rosenblatt（2011）.
5　Aycan（2005）.
6　Black et al.（1991）.

おわりに

　本書の作成にあたって，多くの方からのご支援をいただきました。

　この本は，著者が大学で担当している科目「人的資源管理論」の講義録を下敷きにしています。受講生からいただいた素朴な質問や疑問は，本書を執筆するうえでの大きな糧になっています。また，著者が不定期で開催している社会人向け講座にご参加いただいた実務家の方々との討論は，本書の内容に色濃く反映されています。厚く御礼申し上げます。

　本書を執筆するうえで日本学術振興会からは科学研究費補助金（課題番号19K01907「サービス組織における倫理的行動の促進モデルに関する研究」代表者：柴田好則）の助成を受けました。また，松山大学から教科書出版助成（松山大学教科書第24号）をいただきました。大学からは国外研究の機会もいただきました。そこで参加した研究会や出会った研究者から得た知見は，本書にも多く盛り込まれています。ここに記して感謝の意を表します。

　最後に，本書の刊行を快く引き受けてくださり，丁寧な編集作業を行っていただいた中央経済社の浜田匡様，刊行のきっかけをくださった今井拓実様に心から謝意を表したく存じます。誠にありがとうございました。

2024年1月

柴田　好則

参考文献

Abraham, R. (1999). Emotional dissonance in organizations: conceptualizing the roles of self-esteem and job-induced tension. *Leadership & Organization Development Journal*, 20 (1), 18-25.

Adams, I., & Mastracci, S. (2019). Police body-worn cameras: Effects on officers' burnout and perceived organizational support. *Police quarterly*, 22 (1), 5-30.

Allen, D. G., Shore, L. M., & Griffeth, R. W. (2003). The role of perceived organizational support and supportive human resource practices in the turnover process. *Journal of management*, 29 (1), 99-118.

Amabile, T. M. (1998). *How to kill creativity*. Boston, MA: Harvard Business School Publishing.

Anthony, R. T., Loveman, G., & Schlesinger, L. A. (1992). *Euro Disney: the first 100 days*. Publishing Division, Harvard Business School.

Arthur Jr, W., Bell, S. T., Villado, A. J., & Doverspike, D. (2006). The use of person-organization fit in employment decision making: An assessment of its criterion-related validity. *Journal of applied psychology*, 91 (4), 786.

Aycan, Z. (2005). The interplay between cultural and institutional/structural contingencies in human resource management practices. *The International Journal of Human Resource Management*, 16 (7), 1083-1119.

Baltes, B. B., Dickson, M. W., Sherman, M. P., Bauer, C. C., & LaGanke, J. S. (2002). Computer-mediated communication and group decision making: A meta-analysis. *Organizational behavior and human decision processes*, 87 (1), 156-179.

Barnsley, L., Lyon, P. M., Ralston, S. J., Hibbert, E. J., Cunningham, I., Gordon, F. C., & Field, M. J. (2004). Clinical skills in junior medical officers: a comparison of self-reported confidence and observed competence. *Medical education*, 38 (4), 358-367.

Bartel, C. A., Wrzesniewski, A., & Wiesenfeld, B. M. (2012). Knowing where you stand: Physical isolation, perceived respect, and organizational identification among virtual employees. *Organization Science*, 23 (3), 743-757.

Beer, M. (1984). *Managing human assets*. Simon and Schuster.

Berdik, C. (2013). *Mind over mind: The surprising power of expectations*. Penguin. (夏目大訳『「期待」の科学：悪い予感はなぜ当たるのか』CCCメディアハウス, 2014年)

Black, J. S., Mendenhall, M., & Oddou, G. (1991). Toward a comprehensive model of international adjustment: An integration of multiple theoretical perspectives. *Academy of management review*, 16 (2), 291-317.

Bloom, M. (1999). The performance effects of pay dispersion on individuals and organizations. *Academy of management journal*, 42 (1), 25-40.

Bond, F. W., Flaxman, P. E., & Bunce, D. (2008). The influence of psychological flexibility on work redesign: mediated moderation of a work reorganization intervention. *Journal of Applied Psychology*, 93 (3), 645.

Bratton, J. & Gold, J. (1992) *Human Resource Management: Theory and Practice*, Palgrave. (上林憲雄・原口恭彦・三崎秀央・森田雅也翻訳・監訳『人的資源管理：理論と実践』文眞堂, 2009年)

134

Burt, R. S. (1997). A note on social capital and network content. *Social networks*, 19 (4), 355-373.

Campbell, E. M., Welsh, D. T., & Wang, W. (2023). Above the law? How motivated moral reasoning shapes evaluations of high performer unethicality. *Journal of Applied Psychology*, 108 (2), 1096-1120.

Cappelli, P. (2021). *The future of the office: Work from home, remote work, and the hard choices we all face*. Wharton School Press.

Cascio, W. F. (1993). Downsizing: What do we know? What have we learned?. *Academy of Management Perspectives*, 7 (1), 95-104.

Cascio, W. F. (2022). *Managing human resources: Productivity, quality of work life, profits*. McGraw Hill. 12th Edition.

Cascio, W. F., Chatrath, A., & Christie-David, R. A. (2021). Antecedents and consequences of employee and asset restructuring. *Academy of Management Journal*, 64 (2), 587-613.

Cohen-Charash, Y., & Spector, P. E. (2001). The role of justice in organizations: A meta-analysis. *Organizational behavior and human decision processes*, 86 (2), 278-321.

Cohen, S., & Janicki‐Deverts, D. E. N. I. S. E. (2012). Who's stressed? Distributions of psychological stress in the United States in probability samples from 1983, 2006, and 2009. *Journal of applied social psychology*, 42 (6), 1320-1334.

Collins, J. J., Baase, C. M., Sharda, C. E., Ozminkowski, R. J., Nicholson, S., Billotti, G. M., Turpin, R. S., Olson, M., & Berger, M. L. (2005). The assessment of chronic health conditions on work performance, absence, and total economic impact for employers. *Journal of occupational and environmental medicine*, 547-557.

Colquitt, J., Lepine, J. A., & Wesson, M. J. (2015). *Organizational Behavior: Improving Performance and Commitment in the Workplace* (4th ed.). New York, NY, USA: McGraw-Hill.

Conroy, S. A., Roumpi, D., Delery, J. E., & Gupta, N. (2022). Pay volatility and employee turnover in the trucking industry. *Journal of Management*, 48 (3), 605-629.

Crook, T. R., Todd, S. Y., Combs, J. G., Woehr, D. J., & Ketchen Jr, D. J. (2011). Does human capital matter? A meta-analysis of the relationship between human capital and firm performance. *Journal of applied psychology*, 96 (3), 443.

Derfler-Rozin, R., & Pitesa, M. (2020). Motivation purity bias: Expression of extrinsic motivation undermines perceived intrinsic motivation and engenders bias in selection decisions. *Academy of Management Journal*, 63 (6), 1840-1864.

Dias. L. P. (2011) *Human Resource Management*. Flat World Knowledge, ca.

Dlouhy, K., & Casper, A. (2021). Downsizing and surviving employees' engagement and strain: The role of job resources and job demands. *Human Resource Management*, 60 (3), 435-454.

Duffy, M. K., Scott, K. L., Shaw, J. D., Tepper, B. J., & Aquino, K. (2012). A social context model of envy and social undermining. *Academy of management Journal*, 55 (3), 643-666.

Dunning, D. (2011). The Dunning–Kruger effect: On being ignorant of one's own ignorance. *In Advances in experimental social psychology*, (Vol. 44, pp. 247-296). Academic Press.

Dweck, C. S. (2006). *Mindset: The new psychology of success*. Random house. (今西康子訳『マインドセット:「やればできる!」の研究』草思社, 2016年)

Edmondson, A. C. (2018). *The fearless organization: Creating psychological safety in the workplace for learning, innovation, and growth*. John Wiley & Sons.（野津智子訳『恐れのない組織』英治出版, 2021年）

Eldor, L.（2021）. Leading by doing: Does leading by example impact productivity and service quality?. *Academy of Management Journal*, 64 （2）, 458-481.

Ericsson, K. A., Krampe, R. T., & Tesch-Römer, C.（1993）. The role of deliberate practice in the acquisition of expert performance. *Psychological review*, 100 （3）, 363.

Fauville, G., Luo, M., Muller Queiroz, A. C., Bailenson, J. N., & Hancock, J.（2021）. Nonverbal mechanisms predict zoom fatigue and explain why women experience higher levels than men. *SSRN*.

Gaertner, K. N., & Nollen, S. D.（1989）. Career experiences, perceptions of employment practices, and psychological commitment to the organization. *Human relations*, 42 （11）, 975-991.

Gelfand, M.（2019）. *Rule makers, rule breakers: Tight and loose cultures and the secret signals that direct our lives*. Scribner.（田沢恭子訳『ルーズな文化とタイトな文化：なぜ〈彼ら〉と〈私たち〉はこれほど違うのか』白揚社, 2022年）

Gibbs, M., Mengel, F., & Siemroth, C.（2023）. Work from home and productivity: Evidence from personnel and analytics data on information technology professionals. *Journal of Political Economy Microeconomics*, 1 （1）, 7-41.

Godart, F. C., Maddux, W. W., Shipilov, A. V., & Galinsky, A. D.（2015）. Fashion with a foreign flair: Professional experiences abroad facilitate the creative innovations of organizations. *Academy of Management Journal*, 58 （1）, 195-220.

Goetzel, R. Z., Long, S. R., Ozminkowski, R. J., Hawkins, K., Wang, S., & Lynch, W.（2004）. Health, absence, disability, and presenteeism cost estimates of certain physical and mental health conditions affecting US employers. *Journal of occupational and environmental medicine*, 398-412.

Granovetter, M.（1983）. The strength of weak ties: A network theory revisited. *Sociological theory*, 201-233.

Groysberg, B., Lee, L. E., & Nanda, A.（2008）. Can they take it with them? The portability of star knowledge workers' performance. *Management Science*, 54 （7）, 1213-1230.

Harrison, D. A., Price, K. H., & Bell, M. P.（1998）. Beyond relational demography: Time and the effects of surface-and deep-level diversity on work group cohesion. *Academy of management journal*, *41* （1）, 96-107.

Hinds, P. J., & Mortensen, M.（2005）. Understanding conflict in geographically distributed teams: The moderating effects of shared identity, shared context, and spontaneous communication. *Organization science*, 16 （3）, 290-307.

Hitt, M., Miller, C., & Colella, A.（2015）. *Organizational behavior （4th ed.）*. New York, NY: John Wiley & Sons.

Hofstede, G.（1980）. Culture's Consequences: *International Differences in Work-Related Values*. Beverly Hills, CA: Sage.（萬成博・安藤文四郎監訳『経営文化の国際比較：多国籍企業の中の国民性』産業能率大学出版部, 1984年）

Holt-Lunstad, J., Smith, T. B., & Layton, J. B.（2010）. Social relationships and mortality risk: a meta-analytic review. *PLoS medicine*, 7 （7）, e1000316.

Huang, Y. S. S., Greenbaum, R. L., Bonner, J. M., & Wang, C. S.（2019）. Why sabotage customers

136

who mistreat you? Activated hostility and subsequent devaluation of targets as a moral disengagement mechanism. *Journal of Applied Psychology*, 104 (4), 495.

Hur, J. D., Lee-Yoon, A., & Whillans, A. V. (2021). Are they useful? The effects of performance incentives on the prioritization of work versus personal ties. *Organizational Behavior and Human Decision Processes*, 165, 103-114.

Katz, R. (1982). The effects of group longevity on project communication and performance. *Administrative Science Quarterly*, 81-104.

Kang, S. K., DeCelles, K. A., Tilcsik, A., & Jun, S. (2016). Whitened résumés: Race and self-presentation in the labor market. *Administrative Science Quarterly*, 61 (3), 469-502.

Karasek, R. A. (1979). Job demands, job decision latitude, and mental strain: Implications for job redesign. *Administrative science quarterly*, 24 (2), 285-308.

Kc, D. S., Staats, B. R., Kouchaki, M., & Gino, F. (2020). Task selection and workload: A focus on completing easy tasks hurts performance. *Management Science*, 66 (10), 4397-4416.

Keem, S., Shalley, C. E., Kim, E., & Jeong, I. (2018). Are creative individuals bad apples? A dual pathway model of unethical behavior. *Journal of Applied Psychology*, 103 (4), 416.

Kesavan, S., Lambert, S. J., Williams, J. C., & Pendem, P. K. (2022). Doing Well by Doing Good: Improving Retail Store Performance with Responsible Scheduling Practices at the Gap, Inc. *Management Science*, 68 (11), 7818-7836.

Kilduff, G. J., Galinsky, A. D., Gallo, E., & Reade, J. J. (2016). Whatever it takes to win: Rivalry increases unethical behavior. *Academy of Management Journal*, 59 (5), 1508-1534.

Kirnan, J. P., Farley, J. A., & Geisinger, K. F. (1989). The relationship between recruiting source, applicant quality, and hire performance: An analysis by sex, ethnicity, and age. *Personnel psychology*, 42 (2), 293-308.

Krause, D. E. (2004). Influence-based leadership as a determinant of the inclination to innovate and of innovation-related behaviors: An empirical investigation. *The leadership quarterly*, 15 (1), 79-102.

Kristof-Brown, A. L., Zimmerman, R. D., & Johnson, E. C. (2005). Consequences of individuals' fit at work: A meta-analysis of person-job, person-organization, person-group, and person-supervisor fit. *Personnel psychology*, 58 (2), 281-342.

Kryscynski, D., Coff, R., & Campbell, B. (2021). Charting a path between firm-specific incentives and human capital-based competitive advantage. *Strategic Management Journal*, 42 (2), 386-412.

Kulik, C. T., Oldham, G. R., & Hackman, J. R. (1987). Work design as an approach to person-environment fit. *Journal of vocational behavior*, 31 (3), 278-296.

Kundro, T. G. (2023). The benefits and burdens of work moralization on creativity. *Academy of Management Journal*, 66 (4), 1183-1208.

Künn, S., Seel, C., & Zegners, D. (2020). Cognitive performance in the home office: Evidence from professional chess. *The Economic Journal*, 132 (643), 1218-1232.

Landrigan, C. P., Rothschild, J. M., Cronin, J. W., Kaushal, R., Burdick, E., Katz, J. T., ... & Czeisler, C. A. (2004). Effect of reducing interns' work hours on serious medical errors in intensive care units. *New England Journal of Medicine*, 351 (18), 1838-1848.

Leventhal, G. S. (1980). What should be done with equity theory? New approaches to the study of fairness in social relationships. In K. Gergen, M. Greenberg, & R. Willis (Eds.), *Social exchange: Advances in theory and research* (pp. 27-55). New York, NY: Plenum Press.

Levine, S. S., Apfelbaum, E. P., Bernard, M., Bartelt, V. L., Zajac, E. J., & Stark, D. (2014). *Ethnic diversity deflates price bubbles. Proceedings of the National Academy of Sciences*, 111 (52), 18524-18529.

Liu, X., Liao, H., Derfler-Rozin, R., Zheng, X., Wee, E. X., & Qiu, F. (2020). In line and out of the box: How ethical leaders help offset the negative effect of morality on creativity. *Journal of Applied Psychology*, 105 (12), 1447-1465.

Maddux, W. W., Bivolaru, E., Hafenbrack, A. C., Tadmor, C. T., & Galinsky, A. D. (2014). Expanding opportunities by opening your mind: Multicultural engagement predicts job market success through longitudinal increases in integrative complexity. *Social Psychological and Personality Science*, 5 (5), 608-615.

Mas, A., & Moretti, E. (2009). Peers at work. *American Economic Review*, 99 (1), 112-145.

McGonigal, K. (2016). *The upside of stress: Why stress is good for you, and how to get good at it. Penguin.* (神崎朗子訳『スタンフォードのストレスを力に変える教科書』大和書房, 2015年)

Methot, J. R., Lepine, J. A., Podsakoff, N. P., & Christian, J. S. (2016). Are workplace friendships a mixed blessing? Exploring tradeoffs of multiplex relationships and their associations with job performance. *Personnel psychology*, 69 (2), 311-355.

Methot, J. R., Rosado-Solomon, E. H., Downes, P. E., & Gabriel, A. S. (2021). Office chitchat as a social ritual: The uplifting yet distracting effects of daily small talk at work. *Academy of Management Journal*, 64 (5), 1445-1471.

Meyers, M. C., & Van Woerkom, M. (2014). The influence of underlying philosophies on talent management: Theory, implications for practice, and research agenda. *Journal of World Business*, 49 (2), 192-203.

Mitchell, M. S., Baer, M. D., Ambrose, M. L., Folger, R., & Palmer, N. F. (2018). Cheating under pressure: A self-protection model of workplace cheating behavior. *Journal of Applied Psychology*, 103 (1), 54.

Mitchell, M. S., Greenbaum, R. L., Vogel, R. M., Mawritz, M. B., & Keating, D. J. (2019). Can you handle the pressure? The effect of performance pressure on stress appraisals, self-regulation, and behavior. *Academy of Management Journal*, 62 (2), 531-552.

Morgan, P. V. (1986). International human resource management: fact or fiction. *Personnel Administrator*, 31 (9), 43-47.

Muller, J. (2018). *The tyranny of metrics.* Princeton University Press. (松本裕訳『測りすぎ：なぜパフォーマンス評価は失敗するのか？』みすず書房, 2019年)

Nishii, L. H. (2013). The benefits of climate for inclusion for gender-diverse groups. *Academy of Management journal*, 56 (6), 1754-1774.

Nye, C. D., Su, R., Rounds, J., & Drasgow, F. (2017). Interest congruence and performance: Revisiting recent meta-analytic findings. *Journal of Vocational Behavior*, 98, 138-151.

Oberg, K. (1960). Cultural shock: Adjustment to new cultural environments. *Practical Anthropology*, (4), 177-182.

Paine, L. S. (1994). Managing for organizational integrity. *Harvard Business Review*, 72 (2), 106-

117.

Pencavel, J. (2015). The productivity of working hours. *The Economic Journal*, 125 (589), 2052–2076.

Pencavel, J. (2016). Recovery from work and the productivity of working hours. *Economica*, 83 (332), 545–563.

Peretz, H., & Rosenblatt, Z. (2011). The role of societal cultural practices in organizational investment in training: A comparative study in 21 countries. *Journal of Cross-Cultural Psychology*, 42 (5), 817–831.

Perry-Smith, J. E. (2006). Social yet creative: The role of social relationships in facilitating individual creativity. *Academy of Management journal*, 49 (1), 85–101.

Pfeffer, J. (1995). Producing sustainable competitive advantage through the effective management of people. *Academy of Management Perspectives*, 9 (1), 55–69.

Pfeffer, J. (2018). *Dying for a paycheck: How modern management harms employee health and company performance-and what we can do about it* . Harper Collins, New York, NY. (村井章子訳『ブラック職場があなたを殺す』日経BP, 2019年)

Pfeffer, J., & Sutton, R. I. (2006). *Hard facts, dangerous half-truths, and total nonsense: Profiting from evidence-based management* . Harvard Business Press. (清水勝彦訳『事実に基づいた経営：なぜ「当たり前」ができないのか?』東洋経済新報社, 2009年)

Quispe-Torreblanca, E. G., & Stewart, N. (2019). Causal peer effects in police misconduct. *Nature human behaviour*, 3 (8), 797–807.

Rayner, C. (1999). From research to implementation: Finding leverage for prevention. *International Journal of manpower*, 20 (1/2), 28–38.

Ross, M., & Sicoly, F. (1979). Egocentric biases in availability and attribution. *Journal of personality and social psychology*, 37 (3), 322.

Ryan, A. M., & Tippins, N. T. (2004). Attracting and selecting: What psychological research tells us. *Human Resource Management*, 43 (4), 305–318.

Sandel, M. J. (2020). *The tyranny of merit: What's become of the common good?* . Penguin UK. (鬼澤忍訳『実力も運のうち：能力主義は正義か?』早川書房, 2021年)

Schneider, D., & Harknett, K. (2019). Consequences of routine work-schedule instability for worker health and well-being. *American Sociological Review*, 84 (1), 82–114.

Schumacher, D., Schreurs, B., Van Emmerik, H., & De Witte, H. (2016). Explaining the relation between job insecurity and employee outcomes during organizational change: A multiple group comparison. *Human Resource Management*, 55 (5), 809–827.

Schweitzer, M. E., Ordóñez, L., & Douma, B. (2004). Goal setting as a motivator of unethical behavior. *Academy of Management Journal*, 47 (3), 422–432.

Shalley, C. E. (1991). Effects of productivity goals, creativity goals, and personal discretion on individual creativity. *Journal of Applied Psychology*, 76 (2), 179.

Shalley, C. E., Zhou, J., & Oldham, G. R. (2004). The effects of personal and contextual characteristics on creativity: Where should we go from here?. *Journal of management*, 30 (6), 933–958.

Solinger, O. N., Joireman, J., Vantilborgh, T., & Balliet, D. P. (2021). Change in unit-level job attitudes following strategic interventions: A meta-analysis of longitudinal studies. *Journal of Organizational Behavior*, 42（7）, 964-986.

Sommers, S. R.（2006）. On racial diversity and group decision making: identifying multiple effects of racial composition on jury deliberations. *Journal of Personality and Social Psychology*, 90（4）, 597.

Speier, C., & Frese, M.（2014）. Generalized self-efficacy as a mediator and moderator between control and complexity at work and personal initiative: A longitudinal field study in East Germany. *Human Performance*, 10, 171-192.

Syed, M.（2019）. *Rebel ideas: The power of diverse thinking*. Hachette UK.（トランネット　翻訳協力 『多様性の科学:画一的で凋落する組織, 複数の視点で問題を解決する組織』ディスカヴァー・トゥ エンティワン, 2021年）

Tavris, C., & Aronson, E.（2007）. Mistakes were made（but not by me）: *Why we justify foolish beliefs, bad decisions, and hurtful acts*. Harcourt.（戸根由紀恵訳『なぜあの人はあやまちを認めな いのか：言い訳と自己正当化の心理学』河出書房新社, 2009年）

Taylor, A., & Greve, H. R.（2006）. Superman or the fantastic four? Knowledge combination and experience in innovative teams. *Academy of Management Journal*, 49（4）, 723-740.

Tett, G.（2015）. *The silo effect: The peril of expertise and the promise of breaking down barriers*. Simon and Schuster.（土方奈美訳『サイロ・エフェクト：高度専門化社会の罠』文藝春秋, 2016年）

Treviño, L. K., Weaver, G. R., Gibson, D. G., & Toffler, B. L.（1999）. Managing ethics and legal compliance: What works and what hurts. *California Management Review*, 41（2）, 131-151.

Van Iddekinge, C. H., Roth, P. L., Putka, D. J., & Lanivich, S. E.（2011）. Are you interested? A meta-analysis of relations between vocational interests and employee performance and turnover. *Journal of Applied Psychology*, 96（6）, 1167.

Yang, L., Holtz, D., Jaffe, S., Suri, S., Sinha, S., Weston, J., ... & Teevan, J.（2022）. The effects of remote work on collaboration among information workers. *Nature Human Behaviour*, 6（1）, 43-54.

Zimmerman, R. D., Swider, B. W., & Arthur, J. B.（2020）. Does turnover destination matter? Differentiating antecedents of occupational change versus organizational change. *Journal of Vocational Behavior*, 121, 103470.

阿部修士（2017）『意思決定の心理学：脳とこころの傾向と対策』講談社。

今野浩一郎（2008）『人事管理入門』日本経済新聞出版社。

大竹文雄・奥平寛子（2008）「長時間労働の経済分析」『Discussion Paper Series』08-J-019。

上林憲雄編著（2015）『人的資源管理』中央経済社。

上林憲雄・厨子直之・森田雅也（2018）『経験から学ぶ人的資源管理 [新版]』有斐閣。

柴田好則（2015）「株式会社フレスタ」, 上林憲雄・三輪卓己編著『ケーススタディ　優良・成長企業の 人事戦略』税務経理協会。

鈴木竜太・島貫智行（2021）「特集「ニューウェーブマネジメント」に寄せて」『組織科学』54（3）。

鈴木竜太・服部泰宏（2019）『組織行動：組織の中の人間行動を探る』有斐閣。

原口恭彦（2014）「人的資源開発」, 上林憲雄・平野光俊・森田雅也編著『現代人的資源管理：グロー バル至上主義と日本型システム』中央経済社。

開本浩矢編著（2019）『組織行動論』中央経済社。

三崎秀央（2007）「組織的公正に影響を与える要因に関する実証研究:組織的公正理論の発展に向けて」

『商大論集』59（2・3）, 1-23.

山本勲・黒田祥子（2014）『労働時間の経済分析：超高齢社会の働き方を展望する』日経BPマーケティング。

索　引

【著者紹介】

柴田　好則（しばた　よしのり）

松山大学経営学部准教授。博士（経営学）。
2011年，神戸大学大学院経営学研究科博士課程修了。
専門は人的資源管理論，組織行動論。
おもな著作に『人的資源管理（ベーシック＋）』（第8章・第15章，中央経済社，2015年），『1からのデジタル経営』（第13章，碩学舎，2022年），『ケーススタディ 優良・成長企業の人事戦略』（第6章，税務経理協会，2015年）。

人的資源管理の考え方

2024年3月30日　第1版第1刷発行

著　者　柴　田　好　則
発行者　山　本　　　継
発行所　㈱　中　央　経　済　社
発売元　㈱中央経済グループ
　　　　パ ブ リ ッ シ ン グ

〒101-0051　東京都千代田区神田神保町1-35
電話　03（3293）3371（編集代表）
　　　03（3293）3381（営業代表）
https://www.chuokeizai.co.jp
印刷／㈱堀内印刷所
製本／㈲井上製本所

© 2024
Printed in Japan

＊頁の「欠落」や「順序違い」などがありましたらお取り替えいたしますので発売元までご送付ください。（送料小社負担）
ISBN978-4-502-49501-4　C3034